I0466925

Como se Aposentar e Ser Feliz

30 Segredos para uma Aposentadoria Feliz, Saudável e Rica

Por Eli'ezer Press

Direitos autorais © 2024

Por Eli'ezer Press

Índice

Introdução

Bem-vindo à sua Nova jornada

A aposentadoria marca o início de um novo e emocionante capítulo na vida, um período repleto de oportunidades para explorar, relaxar e aproveitar os frutos do seu trabalho. Quer você tenha esperado ansiosamente esse momento durante anos ou esteja apenas começando a contemplar como seria a aposentadoria, este e-book foi projetado para guiá-lo em direção a uma aposentadoria gratificante, alegre e próspera.

Visão geral da aposentadoria

A aposentadoria costuma ser vista como um período de descanso após décadas de trabalho árduo, mas é muito mais do que apenas o fim da carreira profissional. É hora de se reinventar, perseguir paixões e criar memórias com entes queridos. Para muitos, a aposentadoria é uma oportunidade de explorar hobbies, viajar para novos destinos, ser voluntário na comunidade e até embarcar em novos empreendimentos.

No entanto, a transição para a reforma também pode ser um desafio. Sem a estrutura e as interações sociais de um trabalho regular, algumas pessoas sentem-se perdidas ou insatisfeitas. É por isso que é essencial abordar a aposentadoria com um plano completo que aborde não apenas a segurança financeira, mas também a saúde física e o bem-estar emocional.

Importância da felicidade, saúde e riqueza na aposentadoria

Para realmente aproveitar a aposentadoria, é crucial encontrar um equilíbrio entre felicidade, saúde e riqueza. Estes três elementos estão interligados e são igualmente importantes para uma reforma satisfatória.

1. **Felicidade**: O bem-estar emocional está no centro de uma aposentadoria bem-sucedida. Isso significa encontrar alegria nas atividades cotidianas, manter relacionamentos fortes e perseguir paixões que lhe dêem um senso de propósito. Seja passando tempo com a família, praticando hobbies ou fazendo voluntariado, permanecer mental e emocionalmente engajado melhora significativamente sua qualidade de vida.

2. **Saúde**: A saúde física é um factor-chave para desfrutar de uma reforma longa e activa. O exercício regular, uma dieta equilibrada e exames médicos de rotina são essenciais para manter a sua saúde. Ao priorizar seu bem-estar físico, você

pode garantir que será capaz de participar das atividades que adora e minimizar problemas relacionados à saúde que podem prejudicar sua experiência de aposentadoria.

3. **Fortuna**: A segurança financeira fornece a base para uma aposentadoria sem preocupações. O planejamento financeiro adequado, incluindo orçamento, investimento e gerenciamento de despesas, garante que você tenha os recursos para viver com conforto e perseguir seus sonhos. Ao assumir o controle de suas finanças, você pode reduzir o estresse e se concentrar em aproveitar ao máximo sua aposentadoria.

Este livro irá guiá-lo através de 30 segredos para alcançar uma aposentadoria feliz, saudável e rica. Cada capítulo está repleto de conselhos práticos, dicas práticas e histórias inspiradoras para ajudá-lo a navegar nesta emocionante jornada. Esteja você já aposentado ou planejando o futuro, esses insights irão capacitá-lo a criar a aposentadoria dos seus sonhos. Bem-vindo à sua nova jornada – vamos torná-la extraordinária!

Parte 1

Planejando Sua Aposentadoria

Capítulo 1

Segredo 1: Comece a Planejar com Antecedência

Os benefícios do planejamento de aposentadoria antecipada

Começar o planejamento da aposentadoria antecipadamente traz uma infinidade de benefícios que podem melhorar significativamente sua experiência de aposentadoria. Uma das vantagens mais significativas é o poder dos juros compostos. Ao começar a economizar e investir cedo, seu dinheiro terá mais tempo para crescer. Quanto mais cedo você começar, menos precisará contribuir regularmente para atingir suas metas de aposentadoria, graças aos juros compostos trabalhando a seu favor.

Outro benefício do planejamento antecipado é a capacidade de enfrentar as flutuações do mercado. Os mercados financeiros podem ser imprevisíveis, com períodos de volatilidade. No entanto, ao começar cedo, você terá o luxo de ter tempo para enfrentar esses altos e baixos. Esta perspectiva de longo prazo reduz o stress associado à volatilidade do mercado e proporciona uma base financeira mais estável.

O planejamento antecipado também permite mais flexibilidade em sua estratégia de aposentadoria. Você tem tempo para explorar diferentes opções de investimento, ajustar seus planos conforme necessário e assumir riscos calculados que podem levar a retornos mais elevados. Essa flexibilidade também se estende às suas escolhas de carreira. Saber que você está no caminho certo para uma aposentadoria confortável pode lhe dar a confiança necessária para buscar oportunidades de emprego pelas quais você é apaixonado, mesmo que elas venham com salários mais baixos.

Além disso, começar cedo lhe dá tempo suficiente para resolver quaisquer lacunas ou desafios financeiros. Seja para pagar dívidas, criar um fundo de emergência ou economizar para despesas importantes, ter um plano de longo prazo permite que você resolva essas questões gradualmente, sem sobrecarregar sua situação financeira atual.

Estabelecendo metas realistas

Definir metas realistas de aposentadoria é um componente crucial do planejamento antecipado. Esses objetivos orientarão suas estratégias de poupança e investimento, garantindo que você esteja no caminho certo para alcançar o estilo de vida de aposentadoria que deseja.

Comece imaginando como seria sua aposentadoria ideal. Considere fatores como onde você deseja morar, as atividades que deseja realizar e o estilo de vida que deseja manter. Você planeja viajar muito, adotar novos hobbies ou passar mais tempo com a família e amigos? Compreender a sua visão para a reforma irá ajudá-lo a determinar os recursos financeiros necessários para apoiá-la.

Depois de ter uma imagem clara da aposentadoria desejada, calcule os custos estimados associados a ela. Isso inclui despesas diárias, custos de saúde, planos de viagem e quaisquer outras despesas previstas. Seja realista em suas estimativas e leve em consideração a inflação para garantir que seus cálculos permaneçam precisos ao longo do tempo.

Com essas estimativas em mãos, você pode definir metas específicas, mensuráveis, alcançáveis, relevantes e com prazo determinado (SMART). Por exemplo, se você deseja se aposentar aos 65 anos com uma certa poupança, divida essa meta em marcos menores e gerenciáveis. Determine quanto você precisa economizar anualmente ou mensalmente para atingir sua meta. Essa abordagem torna seus objetivos mais alcançáveis e ajuda você a se manter motivado enquanto acompanha seu progresso.

Além das metas financeiras, considere estabelecer metas pessoais que contribuam para o seu bem-estar geral na aposentadoria. Isto pode incluir manter um estilo de vida saudável, manter-se socialmente activo ou procurar oportunidades de aprendizagem ao longo da vida. Equilibrar metas financeiras e pessoais garante uma abordagem holística ao planejamento da aposentadoria.

Começar o planejamento da aposentadoria antecipadamente e estabelecer metas realistas são passos fundamentais para uma aposentadoria feliz, saudável e rica. Ao seguir essas etapas agora, você poderá desfrutar da tranquilidade de saber que está preparado para o futuro, permitindo-lhe abraçar e aproveitar totalmente a jornada que tem pela frente.

Capítulo 2

Segredo 2: Planejamento Financeiro e Orçamento

O planejamento financeiro e o orçamento são componentes essenciais de uma estratégia de aposentadoria bem-sucedida. Ao gerenciar cuidadosamente suas finanças, você pode garantir que seus recursos durem durante os anos de aposentadoria, permitindo-lhe desfrutar de uma aposentadoria gratificante e sem preocupações.

Criando um orçamento de aposentadoria

Criar um orçamento de aposentadoria é o primeiro passo para gerenciar suas finanças de maneira eficaz. Um orçamento bem elaborado ajuda você a entender suas necessidades financeiras, controlar seus gastos e tomar decisões informadas sobre seu estilo de vida de aposentadoria.

1. **Calcule sua renda**: Comece identificando todas as fontes potenciais de renda durante a aposentadoria. Isto inclui benefícios da Segurança Social, pensões, anuidades, rendimentos de aluguer, trabalho a tempo parcial

e quaisquer outras fontes de rendimento. Ter uma imagem clara de sua renda o ajudará a determinar quanto dinheiro você tem disponível para cobrir suas despesas.

2. **Estime suas despesas**: A seguir, estime suas despesas mensais e anuais. Considere despesas fixas (como moradia, serviços públicos, seguros e saúde) e despesas variáveis (como viagens, entretenimento, jantares fora e hobbies). Seja realista em suas estimativas e leve em conta a inflação para garantir que seu orçamento permaneça preciso ao longo do tempo.

3. **Identifique gastos discricionários**: Separe suas despesas essenciais das despesas discricionárias. As despesas essenciais são aquelas necessárias para a vida diária, enquanto as despesas discricionárias incluem itens e atividades não essenciais. Essa distinção o ajudará a priorizar seus gastos e fazer ajustes, se necessário.

4. **Plano para custos de saúde**: Os cuidados de saúde são uma despesa significativa na reforma. Certifique-se de incluir custos de prêmios do Medicare, seguro complementar, medicamentos prescritos e quaisquer despesas do próprio bolso. O planejamento dos custos de saúde o ajudará a evitar encargos financeiros inesperados.

5. **Conta para Emergências**: Reserve uma parte do seu orçamento para emergências. Ter um fundo

de emergência garante que você esteja preparado para despesas inesperadas, como reparos domésticos ou emergências médicas, sem atrapalhar seu plano financeiro geral.

6. **Revise e ajuste regularmente**: Seu orçamento de aposentadoria não é um documento estático. Revise-o regularmente e faça os ajustes necessários para refletir as mudanças em suas receitas, despesas e metas financeiras. Permanecer flexível e proativo ajudará você a se manter no caminho certo e atingir seus objetivos de aposentadoria.

Compreendendo contas e investimentos de aposentadoria

Compreender as várias contas de aposentadoria e opções de investimento disponíveis é crucial para um planejamento financeiro eficaz. Ao tomar decisões informadas sobre onde economizar e investir seu dinheiro, você pode maximizar seus retornos e garantir seu futuro financeiro.

1. **Contas de aposentadoria**:
   ○ **Planos 401(k) e 403(b)**: Esses planos de aposentadoria patrocinados pelo empregador permitem que você contribua com uma parte de sua renda antes dos

impostos, reduzindo sua renda tributável e aumentando sua poupança com impostos diferidos. Muitos empregadores também oferecem contribuições equivalentes, proporcionando um impulso adicional às suas economias para a aposentadoria.

- ○ **Contas Individuais de Aposentadoria (IRAs)**: IRAs são contas pessoais de aposentadoria que oferecem vantagens fiscais. Os IRAs tradicionais permitem que você contribua com renda antes dos impostos e adie os impostos até a retirada, enquanto os Roth IRAs usam a renda após os impostos e oferecem retiradas isentas de impostos na aposentadoria.
- ○ **Planos de pensão**: Alguns empregadores oferecem planos de pensões de benefícios definidos que proporcionam um rendimento garantido na reforma com base nos seus anos de serviço e salário. É essencial compreender seus benefícios de pensão e como eles se enquadram em seu plano geral de aposentadoria.

2. **Opções de investimento**:
   - ○ **Ações e títulos**: Investir em ações e títulos pode proporcionar crescimento e

renda para sua carteira de aposentadoria. As ações oferecem potencial para retornos mais elevados, mas apresentam riscos mais elevados, enquanto as obrigações proporcionam rendimentos mais estáveis e de menor risco.

- ○ **Fundos mútuos e ETFs**: Os fundos mútuos e os fundos negociados em bolsa (ETFs) permitem diversificar os seus investimentos numa gama de ativos, reduzindo o risco e simplificando a gestão da carteira.

- ○ **Imobiliária**: Os investimentos imobiliários, como propriedades para aluguel ou fundos de investimento imobiliário (REITs), podem fornecer renda adicional e diversificação para sua carteira de aposentadoria.

- ○ **Anuidades**: As anuidades são produtos de seguros que proporcionam um fluxo de rendimento garantido na reforma. Podem ser uma ferramenta valiosa para garantir a segurança financeira, mas é importante compreender os termos e taxas a eles associados.

3. **Gestão de Risco e Diversificação**: Equilibrar risco e recompensa é fundamental para um investimento bem-sucedido. Diversifique os seus investimentos em diferentes classes de ativos e setores para reduzir o risco e proteger a sua carteira da volatilidade do mercado. Revise regularmente sua estratégia de investimento e ajuste-a com base em sua tolerância ao risco e metas de aposentadoria.

4. **Orientação Profissional**: Considere trabalhar com um consultor financeiro para desenvolver um plano de aposentadoria personalizado. Um profissional pode ajudá-lo a navegar pelas complexidades de contas de aposentadoria, investimentos e estratégias fiscais, garantindo que seu plano financeiro esteja alinhado com seus objetivos de longo prazo.

O planejamento financeiro e o orçamento eficazes são os pilares de uma aposentadoria segura e agradável. Ao criar um orçamento de aposentadoria abrangente e compreender suas contas e investimentos de aposentadoria, você pode gerenciar suas finanças com segurança e se concentrar em viver uma aposentadoria feliz, saudável e rica.

Capítulo 3

Segredo 3: Avaliando suas Necessidades de Aposentadoria

Avaliar as suas necessidades de reforma é um passo crucial para garantir que dispõe de recursos suficientes para desfrutar de uma reforma confortável e gratificante. Ao calcular suas despesas de aposentadoria e estimar os custos de saúde, você pode criar um plano financeiro realista que atenda a todos os aspectos do seu estilo de vida futuro.

Cálculo de despesas de aposentadoria

O cálculo de suas despesas de aposentadoria envolve uma análise detalhada de seus padrões de gastos previstos para garantir que suas economias e receitas cobrirão suas necessidades. Aqui estão as principais etapas a serem consideradas:

1. **Identifique suas despesas atuais**: comece revisando seus hábitos de consumo atuais. Categorize suas despesas em custos fixos (necessários) e variáveis (discricionários). As despesas fixas incluem moradia, serviços públicos, mantimentos, seguros e transporte,

enquanto as despesas variáveis abrangem entretenimento, jantares fora, viagens e hobbies.

2. **Gastos futuros do projeto**: Considere como seus gastos podem mudar na aposentadoria. Algumas despesas, como deslocações ou custos relacionados com o trabalho, podem diminuir, enquanto outras, como viagens ou atividades de lazer, podem aumentar. Seja realista sobre como seu estilo de vida pode evoluir e ajuste suas projeções de acordo.

3. **Ajustar para a inflação**: A inflação pode impactar significativamente seu poder de compra ao longo do tempo. Ao estimar despesas futuras, leve em consideração uma taxa de inflação anual. Uma prática comum é usar uma taxa de 2 a 3% ao ano para garantir que seus cálculos permaneçam precisos.

4. **Considere metas e projetos de longo prazo**: Pense em quaisquer metas ou projetos significativos que você queira realizar na aposentadoria, como reformas de casa, grandes planos de viagem ou início de um novo negócio. Inclua essas despesas únicas em seus cálculos gerais para garantir que seu orçamento possa acomodá-las.

5. **Incluir fundos de emergência**: reserve uma parte do seu orçamento para despesas inesperadas. Ter um fundo de emergência ajuda

você a lidar com desafios financeiros imprevistos sem atrapalhar seu plano de aposentadoria. Procure economizar pelo menos 3 a 6 meses em despesas de subsistência para emergências.

6. **Revisão e ajuste regulares**: suas despesas de aposentadoria podem mudar com o tempo, por isso é essencial revisar seu orçamento regularmente. Eventos de vida, condições de mercado e mudanças nas circunstâncias pessoais podem impactar suas necessidades financeiras. Ajuste seu orçamento conforme necessário para permanecer no caminho certo.

Estimando custos de saúde

Os cuidados de saúde são uma das despesas mais significativas na reforma, e estimar com precisão estes custos é vital para um plano de reforma abrangente. Aqui estão os principais fatores a serem considerados:

1. **Custos do Medicare**: Embora o Medicare forneça cobertura de saúde essencial para aposentados, ele não cobre todas as despesas médicas. Entenda as diferentes partes do Medicare:
    ○ **Parte A**: Seguro hospitalar, geralmente sem prêmio se você pagou impostos do Medicare enquanto trabalhava.

- ○ **Parte B**: Seguro médico, que cobre atendimento ambulatorial, serviços preventivos e consultas médicas. Isso requer um prêmio mensal.
- ○ **Parte D**: Cobertura de medicamentos prescritos, que também envolve um prêmio mensal.

2. **Seguro Suplementar**: Considere adquirir uma apólice de suplemento do Medicare (Medigap) para cobrir custos diretos não cobertos pelo Medicare, como copagamentos, cosseguros e franquias. Alternativamente, você pode optar por um Plano Medicare Advantage, que oferece benefícios adicionais.

3. **Fora dos custos de bolso**: Estime suas despesas diretas com saúde, incluindo prêmios, franquias, pagamentos e cosseguro. Além disso, leve em consideração os custos não cobertos pelo Medicare, como odontológicos, oftalmológicos, auditivos e cuidados de longo prazo.

4. **Cuidado a longo prazo**: Os cuidados de longa duração, como os cuidados em lares de idosos ou a assistência no domicílio, constituem uma despesa potencial significativa na reforma. O seguro saúde tradicional e o Medicare normalmente não cobrem os custos de cuidados de longo prazo. Considere um seguro de cuidados de longo prazo para ajudar a gerir estas despesas

ou explore estratégias alternativas, tais como apólices de seguro de vida híbridas com passageiros de cuidados de longo prazo.

5. **Saúde Pessoal e História Familiar**: Sua saúde pessoal e histórico médico familiar podem influenciar seus custos com saúde na aposentadoria. Considere quaisquer condições crônicas ou predisposições genéticas ao estimar despesas médicas futuras. Manter um estilo de vida saudável através de exercícios regulares, uma dieta equilibrada e cuidados preventivos pode ajudar a mitigar alguns custos de saúde.

6. **Contas de poupança de saúde (HSAs)**: Se você ainda trabalha e tem acesso a uma Conta Poupança Saúde (HSA), aproveite. Os HSAs oferecem benefícios fiscais triplos: as contribuições são dedutíveis de impostos, os rendimentos crescem isentos de impostos e os saques para despesas médicas qualificadas são isentos de impostos. Estas contas podem ser uma ferramenta valiosa para cobrir custos de saúde na reforma.

Ao avaliar com precisão suas necessidades de aposentadoria por meio de cálculos cuidadosos de despesas e estimativas completas de custos de saúde, você pode criar um plano financeiro robusto que garanta seu conforto e segurança. Ser proativo na compreensão e no planejamento desses custos permitirá que você desfrute de uma aposentadoria sem preocupações.

Capítulo 4

Segredo 4: Diversificando seus Fluxos de Renda

Diversificar os seus fluxos de rendimento é uma estratégia vital para garantir a estabilidade financeira e a resiliência na reforma. Depender de uma única fonte de rendimento pode ser arriscado, pois flutuações económicas ou circunstâncias imprevistas podem afetar a sua segurança financeira. Ao criar vários fluxos de renda, você pode gerenciar melhor os riscos e desfrutar de uma aposentadoria mais confortável.

Explorando opções de renda passiva

A renda passiva é o dinheiro ganho com pouco ou nenhum esforço contínuo. Pode fornecer um fluxo de caixa estável, complementando suas economias primárias para a aposentadoria e ajudando a cobrir despesas. Aqui estão várias opções de renda passiva a serem consideradas:

1. **Ações que pagam dividendos**: Investir em ações que pagam dividendos permite que você obtenha uma renda regular por meio de dividendos. Escolha empresas bem estabelecidas com

histórico de pagamento de dividendos consistentes. O reinvestimento de dividendos pode aumentar ainda mais sua carteira de investimentos.

2. **Investimentos Imobiliários**: As propriedades para alugar podem gerar um fluxo de renda confiável. Quer você invista em imóveis residenciais ou comerciais, a receita de aluguel pode proporcionar um fluxo de caixa constante. Considere contratar uma empresa de administração de propriedades para cuidar das operações do dia a dia, tornando este um investimento mais passivo.

3. **Fundos de investimento imobiliário (REITs)**: Se gerenciar propriedades para aluguel não é para você, os REITs oferecem uma forma alternativa de investir em imóveis. REITs são empresas que possuem, operam ou financiam imóveis geradores de renda. Eles pagam dividendos aos acionistas, proporcionando um fluxo de renda passivo.

4. **Obrigações e fundos de obrigações**: Títulos são títulos de dívida emitidos por empresas ou governos. Ao comprar um título, você está emprestando dinheiro em troca de pagamentos periódicos de juros e do retorno do valor principal no vencimento. Os fundos de obrigações reúnem dinheiro de muitos

investidores para comprar uma carteira diversificada de obrigações, oferecendo mais estabilidade e rendimento regular.

5. **Empréstimo ponto a ponto**: As plataformas de empréstimo ponto a ponto conectam mutuários a credores individuais. Ao emprestar dinheiro aos mutuários, você pode obter receitas de juros. Esta opção acarreta mais riscos do que os investimentos tradicionais, por isso é essencial pesquisar e diversificar a sua carteira de empréstimos.

6. **Royalties e Licenciamento**: se você tiver trabalhos criativos, como livros, músicas, patentes ou software, poderá ganhar royalties ou taxas de licenciamento. Este fluxo de receitas requer um esforço inicial para criar o trabalho, mas uma vez estabelecido, pode proporcionar receitas contínuas.

Propriedades para aluguel, dividendos e negócios paralelos

Além das opções de renda passiva, considere diversificar seus fluxos de renda por meio de aluguel de propriedades, dividendos e negócios paralelos. Essas estratégias podem fornecer segurança financeira adicional e ajudá-lo a atingir suas metas de aposentadoria.

1. **Propriedades para aluguel**: Como mencionado anteriormente, os imóveis para alugar podem ser uma fonte lucrativa de renda. Considere as seguintes dicas para investimentos bem-sucedidos em imóveis para aluguel:
   - **Localização**: Escolha propriedades em locais desejáveis com forte demanda de aluguel.
   - **Pesquisa de mercado**: Entenda o mercado de aluguel local, incluindo preços médios de aluguel e taxas de vacância.
   - **Gestão da propriedade**: Decida se você mesmo administrará a propriedade ou contratará uma empresa de administração de propriedades.
   - **Manutenção e Conservação**: Orçamento para manutenção e reparos contínuos para manter o imóvel em boas condições.
2. **Dividendos**: Investir em ações ou fundos que pagam dividendos pode proporcionar uma renda regular. Considere as seguintes estratégias para investimento em dividendos:
   - **Diversificação**: Distribua seus investimentos por diferentes setores e indústrias para reduzir o risco.

- **Reinvestimento**: Reinvestir dividendos para aumentar seus retornos e aumentar seu portfólio.
- **Crescimento de dividendos**: Procure empresas com histórico de aumento de dividendos ao longo do tempo, proporcionando potencial para maiores rendimentos.

3. **Negócios paralelos**: Começar um negócio paralelo na aposentadoria pode ser financeiramente gratificante e pessoalmente gratificante. Considere as seguintes ideias:
    - **Consultoria ou Freelancer**: Aproveite sua experiência e habilidades profissionais para oferecer serviços de consultoria ou freelance.
    - **Negócios on-line**: Explore oportunidades em comércio eletrônico, blogs ou criação de cursos online.
    - **Hobbies e Artesanato**: Transforme seus hobbies ou artesanato em um negócio vendendo produtos ou oferecendo workshops.
    - **Trabalho a tempo parcial**: Considere um trabalho de meio período que se alinhe aos seus interesses e proporcione uma renda adicional.

Ao diversificar seus fluxos de renda por meio de opções de renda passiva, propriedades para aluguel, dividendos e negócios paralelos, você pode criar uma base financeira mais segura e resiliente para sua aposentadoria. Essas estratégias não apenas proporcionam benefícios financeiros, mas também oferecem oportunidades de crescimento e realização pessoal.

Capítulo 5

Segredo 5: Gerenciando Dívidas Antes da Aposentadoria

Gerenciar dívidas antes da aposentadoria é crucial para garantir uma aposentadoria financeiramente segura e sem estresse. Carregar dívidas significativas durante os anos de aposentadoria pode criar dificuldades financeiras e limitar sua capacidade de aproveitar este novo capítulo da vida. Ao implementar estratégias eficazes para saldar dívidas e compreender a importância de estar livre de dívidas, você pode se preparar para uma aposentadoria mais confortável e agradável.

Estratégias para saldar dívidas

1. **Crie um plano de reembolso de dívidas**: O primeiro passo na gestão da dívida é criar um plano de reembolso abrangente. Liste todas as suas dívidas, incluindo cartões de crédito, hipotecas, empréstimos pessoais e quaisquer outras responsabilidades. Para cada dívida, anote o saldo devedor, a taxa de juros e o pagamento mínimo mensal. Isso lhe dará uma imagem clara de sua dívida total e o ajudará a priorizar quais dívidas resolver primeiro.

2. **Priorize dívidas com juros altos**: Concentre-se primeiro em pagar dívidas com juros altos, como saldos de cartão de crédito. Estas dívidas podem acumular-se rapidamente devido às altas taxas de juros, tornando-as mais caras ao longo do tempo. Use o método da avalanche, onde você faz pagamentos extras sobre as dívidas com juros mais altos e continua pagando o mínimo nas outras. Assim que a dívida com juros mais altos for paga, passe para a próxima dívida mais alta.

3. **Considere o método bola de neve**: Outra estratégia popular de pagamento de dívidas é o método bola de neve. Esta abordagem envolve pagar primeiro as dívidas mais pequenas, independentemente da taxa de juro, para criar impulso e motivação. Ao eliminar dívidas menores, você ganha confiança e tem mais dinheiro para investir em dívidas maiores.

4. **Refinanciar ou consolidar empréstimos**: O refinanciamento ou consolidação de empréstimos pode reduzir as taxas de juros e simplificar o pagamento da dívida. Ao consolidar várias dívidas com juros altos em um único empréstimo com uma taxa de juros mais baixa, você pode reduzir seus pagamentos mensais e saldar dívidas com mais

eficiência. Certifique-se de pesquisar os melhores termos e condições.

5.   **Aumente seus pagamentos**: Se possível, aumente seus pagamentos mensais para acelerar o pagamento da dívida. Qualquer dinheiro extra, como bônus, restituições de impostos ou ganhos extraordinários, deve ser direcionado para o pagamento de dívidas. Mesmo pequenos pagamentos adicionais podem reduzir significativamente os juros globais pagos e encurtar o período de reembolso.

6.   **Corte despesas desnecessárias**: revise seu orçamento e identifique áreas onde você pode cortar despesas desnecessárias. Direciona essas economias para o pagamento da dívida. Fazendo sacrifícios agora, você poderá conseguir uma aposentadoria sem dívidas mais cedo.

7.   **Procure ajuda profissional**: Se você estiver sobrecarregado por dívidas ou não tiver certeza de como proceder, considere procurar a ajuda de um consultor financeiro ou de crédito. Esses profissionais podem fornecer aconselhamento personalizado e ajudá-lo a desenvolver um plano realista de pagamento de dívidas.

Importância de estar livre de dívidas

1. **Liberdade financeira**: Estar livre de dívidas na aposentadoria significa que você terá mais liberdade e flexibilidade financeira. Sem o peso do pagamento mensal da dívida, você pode alocar sua renda para aproveitar a aposentadoria, seja viajando, praticando hobbies ou passando tempo com seus entes queridos.

2. **Estresse reduzido**: A dívida pode ser uma fonte significativa de stress, especialmente para os reformados com rendimento fixo. A eliminação de dívidas reduz o estresse financeiro e permite que você se concentre na saúde, na felicidade e no bem-estar geral.

3. **Maior economia**: Sem pagamentos de dívidas, você pode economizar mais para despesas e emergências futuras. Construir uma almofada de poupança robusta garante que você esteja preparado para custos inesperados, como contas médicas ou reparos domésticos, sem recorrer a novas dívidas.

4. **Estilo de vida de aposentadoria aprimorado**: Uma aposentadoria sem dívidas permite manter ou até melhorar seu padrão de vida. Você pode desfrutar de gastos mais

discricionários e ter flexibilidade financeira para aproveitar novas oportunidades e experiências.

5. **Legado e paz de espírito**: Eliminar dívidas proporciona tranquilidade sabendo que você não deixará encargos financeiros para seus entes queridos. Isto é particularmente importante se você tiver dependentes ou desejar deixar um legado financeiro para seus filhos ou netos.

6. **Melhores resultados de saúde**: O estresse financeiro pode impactar negativamente sua saúde física e mental. Ao gerir dívidas e alcançar a estabilidade financeira, pode melhorar a sua saúde e bem-estar geral, levando a uma reforma mais feliz e gratificante.

Gerenciar dívidas antes da aposentadoria é uma etapa crítica para alcançar segurança financeira e paz de espírito. Ao implementar estratégias eficazes de pagamento de dívidas e compreender a importância de estar livre de dívidas, você pode criar uma base financeira sólida que lhe permitirá aproveitar plenamente as recompensas de sua aposentadoria.

Parte 2: Otimizando Sua Renda de Aposentadoria

Capítulo 6

Segredo 6: Maximizando os Benefícios da Segurança Social

Maximizar os seus benefícios da Segurança Social é um aspecto crucial do planejamento da reforma. Compreender quando começar a receber benefícios e implementar estratégias para aumentá-los pode aumentar significativamente sua segurança financeira e ajudá-lo a alcançar uma aposentadoria confortável.

Quando começar a receber benefícios

1. **Conheça sua idade completa de aposentadoria (FRA)**: Sua Idade de Aposentadoria Completa (FRA) é a idade em que você tem direito a receber o valor integral do benefício da Previdência Social. A FRA varia dependendo do seu ano de nascimento. Para os nascidos entre 1943 e 1954, o FRA é 66. Para os nascidos em 1960 ou mais tarde, o FRA é 67. Compreender o seu FRA é essencial para tomar decisões informadas sobre quando começar a receber benefícios.

2.   **Reforma antecipada**: Você pode começar a receber benefícios do Seguro Social a partir dos 62 anos, mas seus benefícios serão reduzidos permanentemente em até 30%, dependendo do seu FRA. Se você optar pela aposentadoria antecipada, receberá um benefício mensal menor pelo resto da vida. No entanto, iniciar os benefícios antecipadamente pode ser benéfico se você precisar da renda mais cedo ou tiver uma expectativa de vida mais curta.

3.   **Aposentadoria Atrasada**: Atrasar os benefícios da Segurança Social para além do seu FRA pode aumentar significativamente o seu benefício mensal. Para cada ano que você atrasa benefícios além do seu FRA, até os 70 anos, seu benefício aumenta em aproximadamente 8%. Adiar os benefícios pode ser vantajoso se você tiver outras fontes de renda e estiver de boa saúde, pois maximiza sua renda vitalícia da Previdência Social.

4.   **Considere sua saúde e longevidade**: Ao decidir quando começar a receber os benefícios, considere sua saúde e seu histórico familiar de longevidade. Se você goza de boa saúde e tem uma expectativa de vida mais longa, o atraso dos benefícios pode resultar em uma renda vitalícia mais alta. Por outro lado, se você tiver problemas

de saúde ou uma expectativa de vida mais curta, iniciar os benefícios mais cedo pode ser mais benéfico.

5.   **Benefícios para cônjuge**: Se você é casado, coordenar sua estratégia de solicitação de Seguro Social com seu cônjuge pode maximizar seus benefícios combinados. Os cônjuges têm direito a receber benefícios próprios ou até 50% dos benefícios do cônjuge, o que for maior. Compreender como funcionam os benefícios para o cônjuge pode ajudar você e seu cônjuge a tomar a melhor decisão para sua situação.

Estratégias para aumentar os benefícios

1.   **Trabalhar por pelo menos 35 anos**: Os benefícios da Previdência Social são calculados com base nos seus maiores rendimentos em 35 anos. Se você trabalhar menos de 35 anos, a média de zeros será calculada no cálculo do seu benefício, reduzindo seu benefício mensal. Trabalhar há pelo menos 35 anos garante que você maximize seu histórico de ganhos e, consequentemente, seus benefícios.

2.   **Maximize os ganhos**: Rendimentos vitalícios mais elevados resultam em benefícios de Segurança Social mais elevados. Procure

maximizar seus ganhos, especialmente durante os anos de maiores ganhos. Se possível, busque oportunidades de aumento, promoção ou renda adicional por meio de trabalho de meio período ou negócios paralelos.

3. **Evite penalidades por aposentadoria antecipada**: Se você se aposentar antes do seu FRA e continuar a trabalhar, seus benefícios do Seguro Social poderão ser temporariamente reduzidos se seus rendimentos excederem determinados limites. Em 2024, por exemplo, o limite de rendimentos é de US$21.240, e os benefícios são reduzidos em US$1 para cada US$2 ganhos acima desse limite. Depois de atingir o seu FRA, essas penalidades não se aplicam mais e seus benefícios são recalculados para creditar quaisquer valores retidos.

4. **Aproveite as vantagens dos créditos de aposentadoria atrasada**: Como mencionado anteriormente, atrasar os seus benefícios para além do seu FRA pode aumentar o seu benefício mensal em aproximadamente 8% ao ano, até aos 70 anos. Este aumento é conhecido como créditos de reforma atrasados. Ao esperar até os 70 anos para reivindicar os benefícios, você pode receber o máximo benefício possível.

5. **Coordene os benefícios com seu cônjuge**: Os casais casados têm diversas estratégias para maximizar os seus benefícios combinados da Segurança Social. Por exemplo, um dos cônjuges pode reivindicar benefícios conjugais enquanto o outro atrasa seus próprios benefícios para obter créditos de aposentadoria adiados. Esta estratégia permite que os casais recebam algum rendimento enquanto maximizam os seus benefícios a longo prazo.

6. **Utilize benefícios de sobrevivente**: Se for viúvo, poderá ter direito a benefícios de sobrevivência, que se baseiam no registo de rendimentos do seu cônjuge falecido. Os benefícios de sobrevivência podem começar aos 60 anos (50 anos se estiver incapacitado). Se o seu benefício próprio for maior, você poderá mudar para seu próprio benefício mais tarde. Compreender e planear os benefícios de sobrevivência pode ajudar a maximizar o seu rendimento global da Segurança Social.

7. **Entenda as implicações fiscais**: Até 85% dos seus benefícios da Previdência Social podem estar sujeitos ao imposto de renda federal, dependendo da sua renda combinada. Esteja ciente das implicações fiscais dos seus benefícios da Segurança Social e considere estratégias para

minimizar os impostos, tais como a gestão de outras fontes de rendimento de reforma e a utilização de contas com vantagens fiscais.

Capítulo 7

Segredo 7: Investimento Inteligente na Aposentadoria

O investimento inteligente na aposentadoria é essencial para garantir que suas economias continuem a crescer e proporcionar uma renda estável, protegendo ao mesmo tempo seu capital. Compreender as opções de investimento seguras e como equilibrar riscos e retornos pode ajudá-lo a manter a segurança financeira durante os anos de aposentadoria.

Opções de investimento seguras

1. **Títulos**: Títulos são títulos de dívida emitidos por governos, municípios e empresas. Geralmente são considerados investimentos mais seguros em comparação com ações porque oferecem pagamentos de juros fixos e retornam o principal no vencimento. Os títulos do governo, especialmente os títulos do Tesouro dos EUA, estão entre os mais seguros porque são garantidos pelo governo. Os títulos corporativos apresentam riscos mais elevados, mas oferecem rendimentos mais elevados. Diversificar seus investimentos em títulos pode ajudar a gerenciar riscos.

2.   **Certificados de Depósito (CDs)**: CDs são depósitos a prazo oferecidos por bancos e cooperativas de crédito. Eles fornecem uma taxa de juros fixa por um prazo específico, normalmente variando de alguns meses a vários anos. Os CDs são investimentos de baixo risco segurados pela Federal Deposit Insurance Corporation (FDIC) até US$250.000 por depositante, por instituição. Eles são ideais para aposentados que buscam retornos previsíveis e estáveis.

3.   **Anuidades**: Anuidades são produtos de seguro que proporcionam um fluxo de renda garantido por toda a vida ou por um período específico. Eles vêm em várias formas, como anuidades fixas, que oferecem pagamentos regulares e fixos, e anuidades variáveis, que fornecem pagamentos que flutuam com base no desempenho dos investimentos subjacentes. As anuidades fixas são consideradas mais seguras, enquanto as anuidades variáveis apresentam mais riscos, mas têm potencial para retornos mais elevados.

4.   **Contas do mercado monetário**: As contas do mercado monetário são semelhantes às contas de poupança, mas normalmente oferecem taxas de juros mais altas e privilégios limitados

de emissão de cheques. São investimentos líquidos e de baixo risco segurados pelo FDIC até US$250.000 por depositante, por instituição. Os fundos do mercado monetário, que investem em títulos de curto prazo e de alta qualidade, são outra opção, embora não sejam segurados pelo FDIC.

5.   **Ações que pagam dividendos**: Embora as ações sejam geralmente mais arriscadas do que obrigações e CDs, as ações que pagam dividendos de empresas bem estabelecidas podem proporcionar um fluxo de rendimento constante com potencial de valorização do capital. As empresas com um histórico de dividendos estáveis e crescentes são muitas vezes mais resilientes durante as crises do mercado. Diversificar sua carteira de ações pode ajudar a mitigar o risco.

6.   **Fundos de investimento imobiliário (REITs)**: Os REIT investem em imóveis geradores de rendimento e são obrigados a distribuir uma parte significativa dos seus rendimentos como dividendos. Eles oferecem uma maneira de investir em imóveis sem as complexidades da gestão imobiliária. Os REIT podem proporcionar rendimentos regulares e potencial de valorização do capital, embora

acarretem riscos relacionados com o mercado imobiliário.

Equilibrando Risco e Retorno

1.   **Diversificação**: A diversificação é a pedra angular de uma estratégia de investimento equilibrada. Ao distribuir os seus investimentos por diferentes classes de ativos (ações, obrigações, imobiliário, etc.) e setores, reduz o risco de perdas significativas de qualquer investimento único. Uma carteira bem diversificada pode proporcionar retornos mais estáveis ao longo do tempo.

2.   **Alocação de ativos**: determine uma alocação de ativos apropriada com base em sua tolerância ao risco, metas financeiras e horizonte de tempo. Geralmente, os reformados devem alocar uma parte maior da sua carteira em investimentos de menor risco, como obrigações e títulos de rendimento fixo, mantendo ao mesmo tempo alguma exposição a activos orientados para o crescimento, como acções, para se protegerem contra a inflação e garantirem o crescimento a longo prazo. .

3.   **Avaliações regulares do portfólio**: Realize revisões regulares de seu portfólio de

investimentos para garantir que ele esteja alinhado com sua tolerância ao risco e suas metas financeiras. Reequilibre seu portfólio conforme necessário para manter a alocação de ativos desejada. Isto pode envolver a venda de alguns investimentos que tiveram um bom desempenho e a compra de mais daqueles que tiveram um desempenho inferior.

4. **Proteção contra inflação**: proteja seu portfólio da inflação incluindo investimentos que tendem a ter bom desempenho em ambientes inflacionários. Títulos do Tesouro protegidos contra a inflação (TIPS), imóveis e certas commodities podem ajudar a preservar seu poder de compra ao longo do tempo.

5. **Gerenciamento de riscos**: Entenda e gerencie os riscos associados aos seus investimentos. Isso inclui risco de mercado, risco de taxa de juros, risco de inflação e risco de crédito. Empregue estratégias como a média do custo em dólares, que envolve investir regularmente um montante fixo, independentemente das condições do mercado, para mitigar o impacto da volatilidade do mercado.

6.   **Aconselhamento profissional**: Considere trabalhar com um consultor financeiro para desenvolver e implementar uma estratégia de investimento personalizada. Um profissional pode fornecer informações valiosas, ajudá-lo a navegar por opções de investimento complexas e garantir que seu portfólio esteja alinhado com seus objetivos de longo prazo e tolerância ao risco.

O investimento inteligente na reforma envolve encontrar o equilíbrio certo entre proteger o seu capital e obter retornos adequados para sustentar o seu estilo de vida. Ao explorar opções de investimento seguras e implementar uma estratégia de investimento diversificada e bem gerida, poderá desfrutar de segurança financeira e tranquilidade durante os seus anos de reforma.

Capítulo 8

Segredo 8: Criando um Plano de Retirada Sustentável

Criar um plano de retirada sustentável é fundamental para garantir que suas economias para a aposentadoria durem durante os anos de aposentadoria. Ao compreender as taxas de retirada seguras e implementar estratégias para gerenciar suas retiradas, você pode alcançar estabilidade financeira e tranquilidade.

Taxas de retirada segura

1. **A regra dos 4%**: Uma das diretrizes mais conhecidas para determinar uma taxa de retirada segura é a regra dos 4%. Esta regra sugere que você pode sacar 4% de suas economias para a aposentadoria no primeiro ano de aposentadoria e ajustar esse valor anualmente pela inflação. Esta estratégia baseia-se em dados históricos que indicam que uma taxa de retirada de 4% permite que uma carteira dure pelo menos 30 anos na maioria das condições de mercado.

2. **Ajustando às condições de mercado**: embora a regra dos 4% forneça uma orientação

geral, é importante ajustar a sua taxa de retirada com base no desempenho do mercado e nas condições econômicas. Em anos em que os seus investimentos apresentam um bom desempenho, poderá retirar um pouco mais, enquanto em anos de mau desempenho, poderá reduzir os seus levantamentos para preservar o seu capital.

3. **Estratégias de Retirada Dinâmicas**: considere adotar uma estratégia de saque dinâmica que ajuste seus saques anuais com base no desempenho do seu portfólio. Por exemplo, você pode usar uma abordagem baseada em porcentagem, retirando uma porcentagem fixa do valor do seu portfólio a cada ano. Este método ajuda a garantir que você não esgote suas economias muito rapidamente durante as crises do mercado.

4. **Estratégia de balde**: A estratégia do balde envolve dividir suas economias para a aposentadoria em diferentes "baldes" com base em quando você precisará do dinheiro. Normalmente, você pode ter três grupos: um para necessidades de curto prazo (1 a 3 anos), um para necessidades de médio prazo (4 a 10 anos) e um para necessidades de longo prazo (mais de 10 anos). O escalão de curto prazo contém investimentos líquidos e de baixo risco, enquanto

os escalões de médio e longo prazo contêm uma combinação de investimentos orientados para o crescimento e geradores de rendimento. Essa abordagem ajuda a gerenciar riscos e fornece um fluxo de receitas mais previsível.

5. **Considere a longevidade**: Com o aumento da esperança de vida, é essencial planear uma reforma potencialmente longa. Ser conservador com sua taxa de retirada pode ajudar a garantir que suas economias durem 30 anos ou mais. Considere fatores como saúde, histórico familiar e estilo de vida ao determinar uma taxa de abstinência sustentável.

Garantindo que suas economias durem

1. **Crie um orçamento**: Desenvolva um orçamento de aposentadoria detalhado que descreva suas despesas esperadas, incluindo custos básicos de vida, cuidados de saúde, viagens e atividades de lazer. Ter uma compreensão clara de suas despesas o ajudará a determinar uma taxa de retirada realista e a garantir que você viva dentro de suas posses.

2. **Minimize as retiradas na aposentadoria precoce**: Se possível, tente minimizar seus saques nos primeiros anos de aposentadoria. Isso

permite que seus investimentos tenham mais tempo para crescer, aumentando a probabilidade de suas economias durarem. Considere o trabalho a tempo parcial ou outras fontes de rendimento para reduzir inicialmente a necessidade de grandes levantamentos.

3. **Monitore e ajuste**: Revise regularmente sua situação financeira e ajuste seu plano de retirada conforme necessário. Monitore o desempenho do seu investimento, despesas e mudanças no seu estilo de vida para garantir que seu plano permaneça sustentável. Esteja preparado para fazer ajustes em resposta a flutuações de mercado, despesas inesperadas ou mudanças em suas metas financeiras.

4. **Fundo de emergência**: Mantenha um fundo de emergência para cobrir despesas inesperadas sem gastar em suas economias para a aposentadoria. Um fundo de emergência ajuda você a gerenciar custos imprevistos, como contas médicas ou reparos domésticos, sem comprometer sua segurança financeira a longo prazo.

5. **Retiradas com eficiência fiscal**: Planeje suas retiradas para minimizar os impostos e maximizar sua receita após impostos. Por

exemplo, considere retirar primeiro de contas tributáveis, seguidas por contas com impostos diferidos (como IRAs tradicionais e 401(k)s) e, finalmente, contas isentas de impostos (como Roth IRAs). Esta estratégia pode ajudar a reduzir a sua carga fiscal global e prolongar a vida das suas poupanças.

6.   **Custos de saúde**: Planeje os custos de saúde, que podem ser uma despesa significativa na aposentadoria. Considere um seguro de cuidados de longo prazo para cobrir potenciais necessidades de cuidados de longo prazo. Considere os prêmios do Medicare, custos diretos e outras despesas médicas ao criar seu plano de retirada.

7.   **Segurança Social e Pensões**: Coordene seu plano de saque com outras fontes de renda, como benefícios e pensões da Previdência Social. Atrasar os benefícios da Segurança Social pode aumentar o seu rendimento mensal e reduzir a necessidade de retirar das suas poupanças. Entenda como seus pagamentos de pensão se enquadram em sua estratégia geral de renda.

8.   **Estratégia de investimento**: Manter uma carteira de investimentos diversificada para equilibrar risco e retorno. Uma combinação de

ações, títulos e outros ativos pode proporcionar potencial de crescimento e, ao mesmo tempo, gerar renda. Ajuste sua alocação de ativos com base em sua idade, tolerância ao risco e condições de mercado para garantir que seu portfólio suporte seu plano de retirada.

A criação de um plano de saque sustentável envolve compreender as taxas de saque seguras, gerenciar cuidadosamente suas despesas e revisar regularmente sua situação financeira. Ao implementar essas estratégias, você pode garantir que suas economias para a aposentadoria durem, proporcionando segurança financeira e tranquilidade durante os anos de aposentadoria.

Capítulo 9

Segredo 9: Compreendendo os impostos na Aposentadoria

Compreender os impostos na aposentadoria é crucial para preservar suas economias suadas e garantir uma renda estável. Ao empregar estratégias de saque eficientes em termos fiscais e reduzir sua responsabilidade fiscal, você pode maximizar sua renda de aposentadoria e manter a estabilidade financeira.

Estratégias de retirada com eficiência fiscal

1. **Conheça sua faixa fiscal**: Compreender a sua faixa de impostos é essencial para planejar retiradas com eficiência fiscal. Seu lucro tributável determina sua faixa de impostos e, ao gerenciar estrategicamente suas retiradas, você pode minimizar os impostos devidos. Esteja ciente dos limites para diferentes faixas de impostos para evitar empurrar-se desnecessariamente para uma faixa mais alta.

2. **Retirar primeiro das contas tributáveis**: Geralmente, é aconselhável retirar-se de contas tributáveis, como contas de corretagem, antes de acessar contas com impostos diferidos, como IRAs tradicionais e 401(k)s. Isso permite que suas contas com impostos diferidos continuem crescendo sem impostos por um período mais longo. Além disso, os ganhos de capital provenientes de contas tributáveis podem ser tributados a taxas mais baixas em comparação com o rendimento normal de contas com impostos diferidos.

3. **Utilize contas Roth**: Roth IRAs e Roth 401(k)s oferecem retiradas isentas de impostos na aposentadoria, desde que você atenda aos requisitos necessários (por exemplo, a conta está aberta há pelo menos cinco anos e você tem mais de 59 anos e meio). Incluir contas Roth em sua estratégia de poupança para aposentadoria pode fornecer benefícios fiscais significativos e oferecer mais flexibilidade no gerenciamento de suas obrigações fiscais.

4. **Tome as distribuições mínimas exigidas (RMDs) com sabedoria**: Aos 72 anos, você deve começar a tomar RMDs de IRAs tradicionais e 401(k)s. O não cumprimento dos RMDs resulta em uma penalidade pesada – 50% do valor que

deveria ter sido sacado. Planeje seus RMDs para minimizar o impacto em sua faixa tributária. Se você tiver várias contas com impostos diferidos, considere consolidá-las para simplificar os cálculos e o gerenciamento do RMD.

5.   **Considere uma conversão de Roth**: Converter uma parte de seu IRA tradicional ou 401 (k) em um Roth IRA pode ser uma estratégia com eficiência fiscal, especialmente se você prevê estar em uma faixa de impostos mais alta no futuro. Você pagará impostos sobre o valor convertido agora, mas as retiradas futuras do Roth IRA serão isentas de impostos. O momento e o valor da conversão são essenciais para minimizar o impacto fiscal.

6.   **Coleta de prejuízos fiscais**: Se você tiver investimentos em contas tributáveis que perderam valor, considere a colheita de prejuízos fiscais. Isto envolve a venda dos investimentos com prejuízo para compensar ganhos de outros investimentos, reduzindo assim o seu rendimento tributável. Você pode então reinvestir os rendimentos em ativos semelhantes para manter o equilíbrio do seu portfólio.

7.   **Utilize deduções padrão e detalhadas**: Aproveite ao máximo as deduções padrão e as

deduções detalhadas para reduzir seu lucro tributável. As deduções comuns para aposentados incluem despesas médicas, contribuições de caridade e juros hipotecários. Planeje suas doações de caridade e despesas médicas para maximizar suas deduções em anos específicos.

Reduzindo a responsabilidade fiscal

1.   **Contribuições de caridade**: Doar para instituições de caridade qualificadas não apenas apoia causas importantes para você, mas também oferece benefícios fiscais. Se você tiver mais de 70 anos e meio, considere fazer Distribuições de Caridade Qualificadas (QCDs) diretamente do seu IRA para uma instituição de caridade. Os QCDs podem satisfazer os seus requisitos de RMD e são excluídos do seu rendimento tributável.

2.   **Contas Poupança de Saúde (HSAs)**: Se você tiver um plano de saúde com franquia elevada, contribua para um HSA, que oferece benefícios fiscais triplos: as contribuições são dedutíveis de impostos, os rendimentos aumentam sem impostos e os saques para

despesas médicas qualificadas são isentos de impostos. Na aposentadoria, os HSAs podem ser usados para pagar uma ampla gama de despesas de saúde, reduzindo sua carga tributária geral.

3. **Renda e deduções de tempo**: Gerencie o momento de suas receitas e deduções para minimizar os impostos. Por exemplo, se você antecipar um ano de rendimento mais elevado, adie determinados rendimentos ou acelere despesas dedutíveis para reduzir o seu rendimento tributável. Por outro lado, se você espera um ano de renda mais baixa, considere acelerar a renda ou adiar as deduções.

4. **Benefícios da Segurança Social**: Esteja ciente de que uma parte dos seus benefícios da Segurança Social pode ser tributável, dependendo do seu rendimento combinado (rendimento bruto ajustado + juros não tributáveis + metade dos seus benefícios da Segurança Social). Planeie os seus levantamentos de outras contas para gerir o seu rendimento combinado e minimizar a tributação dos seus benefícios da Segurança Social.

5. **Impostos Estaduais**: Considere as implicações fiscais estaduais de sua renda de aposentadoria. Alguns estados não tributam os

benefícios da Previdência Social nem oferecem tratamento fiscal favorável para a renda de aposentadoria. Se você for flexível com suas condições de vida, mudar para um estado favorável aos impostos pode reduzir significativamente sua obrigação fiscal geral.

6. **Presentear**: Utilize a exclusão anual do imposto sobre doações para transferir riqueza para seus herdeiros sem incorrer em impostos sobre doações. Em 2024, você pode presente até US$17.000 por pessoa, por ano, sem acionar imposto sobre doações. Os presentes podem reduzir o tamanho do seu patrimônio tributável e fornecer apoio financeiro aos seus entes queridos.

7. **Aconselhamento profissional**: Trabalhe com um consultor tributário ou planejador financeiro para desenvolver e implementar estratégias com eficiência fiscal adaptadas à sua situação. Aconselhamento profissional pode ajudá-lo a navegar por leis tributárias complexas, otimizar suas retiradas e reduzir suas obrigações fiscais gerais.

Compreender os impostos na reforma e implementar estratégias de retirada eficientes em termos fiscais são essenciais para maximizar o seu rendimento na reforma e preservar as suas poupanças. Ao gerenciar cuidadosamente seus saques e reduzir suas obrigações fiscais, você pode alcançar estabilidade financeira e desfrutar de uma aposentadoria mais confortável e segura.

Capítulo 10

Segredo 10: Planejamento Imobiliário

O planejamento patrimonial é um aspecto crucial da aposentadoria, pois garante que seus bens sejam distribuídos de acordo com seus desejos e sustente seus entes queridos após seu falecimento. O planejamento patrimonial adequado envolve a criação de testamentos e trustes, bem como o planejamento de heranças e legados. Compreender esses elementos pode ajudá-lo a ter tranquilidade e garantir a segurança financeira de sua família.

Importância dos testamentos e trustes

1. **Testamentos**: Um testamento é um documento legal que descreve como você deseja que seus bens sejam distribuídos após sua morte. Ele permite que você especifique quem herdará sua propriedade, nomeie tutores para filhos menores e nomeie um executor para administrar sua propriedade. Sem testamento, seus bens serão distribuídos de acordo com as leis estaduais, que podem não estar de acordo com seus desejos. Os

principais benefícios de ter um testamento incluem:

- ○ **Clareza**: Um testamento fornece instruções claras sobre como seus bens devem ser distribuídos, reduzindo potenciais conflitos entre herdeiros.
- ○ **Ao controle**: você tem controle sobre quem recebe seus ativos, garantindo que eles vão para as pessoas e causas com as quais você se preocupa.
- ○ **Tutela**: Se você tiver filhos menores, poderá designar um responsável para cuidar deles, zelando pelo seu bem-estar.
- ○ **Executor**: Você pode nomear uma pessoa de confiança para supervisionar a distribuição de seus bens e garantir que seus desejos sejam realizados.

2. **Confianças**: Trusts são acordos legais em que uma parte (o administrador) detém e administra ativos em nome de outra parte (o beneficiário). Os trustes podem ser mais flexíveis e privados do que os testamentos e podem fornecer benefícios adicionais, como:

- ○ **Evitando inventário**: Os ativos colocados em um trust contornam o processo de inventário, permitindo uma transferência mais rápida e privada aos beneficiários.

- Proteção de ativos: Os trustes podem proteger ativos de credores, ações judiciais e acordos de divórcio, garantindo que permaneçam disponíveis para seus beneficiários.
- Benefícios fiscais: Certos tipos de trustes podem oferecer vantagens fiscais, ajudando a preservar mais de seus bens para seus herdeiros.
- Controle sobre distribuição: Os trusts permitem que você defina termos específicos sobre como e quando seus ativos serão distribuídos, o que pode ser particularmente útil para beneficiários menores ou financeiramente inexperientes.

3. **Tipos de relações de confiança**:
- Fundos vivos revogáveis: esses trusts permitem que você mantenha o controle sobre seus ativos durante sua vida e faça alterações conforme necessário. Após a sua morte, os bens são distribuídos de acordo com os termos do trust, evitando inventário.
- Trustes irrevogáveis: Uma vez estabelecidas, essas relações de confiança não podem ser alteradas. Eles oferecem maior proteção aos ativos e benefícios

fiscais, mas exigem que você abra mão do controle sobre os ativos.

- ○ **Fundos de Necessidades Especiais**: Esses fundos são projetados para atender um beneficiário com deficiência sem afetar sua elegibilidade para benefícios governamentais.
- ○ **Fundos de caridade**: Esses fundos permitem que você deixe um legado doando para causas de caridade e, ao mesmo tempo, recebendo benefícios fiscais.

Planejando herança e legado

1. **Identifique seus objetivos**: Considere o que você deseja alcançar com seu plano imobiliário. Isso pode incluir fornecer segurança financeira para sua família, apoiar causas de caridade ou garantir que seu negócio continue sem problemas. Definir claramente seus objetivos ajudará a orientar suas decisões de planejamento imobiliário.

2. **Avalie seus ativos**: faça um inventário de seus ativos, incluindo imóveis, investimentos, contas de aposentadoria, apólices de seguro de vida e bens pessoais. Compreender o valor e a natureza

de seus ativos é essencial para um planejamento patrimonial eficaz.

3. **Considere as implicações fiscais**: Os impostos sobre heranças podem reduzir significativamente o valor repassado aos seus herdeiros. Trabalhe com um consultor financeiro ou planejador imobiliário para compreender as implicações fiscais de seu patrimônio e explorar estratégias para minimizar os impostos, como presentes, doações de caridade e uso de fundos fiduciários.

4. **Comunique-se com sua família**: Discuta seu plano patrimonial com sua família para garantir que eles entendam seus desejos e as razões por trás de suas decisões. A comunicação aberta pode ajudar a evitar mal-entendidos e conflitos após o seu falecimento.

5. **Atualizar designação de beneficiários**: Revise e atualize as designações de beneficiários em suas contas de aposentadoria, apólices de seguro de vida e outras contas financeiras. Essas designações têm precedência sobre o seu testamento, por isso é crucial que estejam alinhadas com o seu plano patrimonial geral.

6. **Plano para Incapacidade**: Além de planejar sua morte, considere o que acontecerá se você ficar incapacitado. Estabeleça procurações para decisões financeiras e de saúde para garantir que seus assuntos sejam administrados de acordo com

seus desejos, caso você não possa fazê-lo sozinho.

7. **Deixar um legado**: Pense em como você deseja ser lembrado e no impacto que deseja causar nas gerações futuras. Isso pode incluir doações de caridade, criação de bolsas de estudo ou estabelecimento de uma fundação familiar. Um plano de legado bem elaborado pode refletir seus valores e fazer uma diferença duradoura.

8. **Revise e atualize regularmente seu plano**: Mudanças na vida, como casamento, divórcio, nascimento de filhos ou mudanças na situação financeira, podem afetar seu plano patrimonial. Revise e atualize regularmente seu plano para garantir que ele permaneça alinhado com seus objetivos e circunstâncias atuais.

O planejamento imobiliário é uma parte vital da preparação para a aposentadoria. Ao criar um testamento e trustes, planejar a herança e deixar um legado, você pode garantir que seus bens sejam distribuídos de acordo com seus desejos, sustentar seus entes queridos e causar um impacto duradouro. O planejamento patrimonial adequado proporciona tranquilidade, sabendo que você tomou medidas para garantir o futuro de sua família e preservar seu legado.

Parte 3: Manutenção da saúde física

Capítulo 11

Segredo 11: Manter-se Fisicamente ativo

Manter a saúde física é crucial para desfrutar de uma aposentadoria feliz e gratificante. Manter-se fisicamente ativo não só melhora o seu bem-estar geral, mas também melhora a sua qualidade de vida. Esta seção explora a importância do exercício e fornece dicas para desenvolver uma rotina de exercícios adequada ao seu estilo de vida e habilidades.

Importância do exercício

1. **Melhora a saúde física**: O exercício regular ajuda a manter um peso saudável, melhora a saúde cardiovascular, fortalece músculos e ossos e aumenta a flexibilidade e o equilíbrio. Isso pode reduzir o risco de doenças crônicas, como doenças cardíacas, diabetes e osteoporose, e pode ajudar a controlar doenças como artrite e pressão alta.

2. **Melhora a saúde mental**: O exercício tem um impacto positivo significativo na saúde mental. Reduz os sintomas de ansiedade e depressão, melhora o humor e melhora a função cognitiva.

A atividade física libera endorfinas, os elevadores naturais do humor do corpo, e promove um sono melhor, essencial para o bem-estar mental.

3. **Aumenta a longevidade**: Estudos demonstraram que a atividade física regular pode aumentar a expectativa de vida. Ao permanecer ativo, você pode aumentar suas chances de viver uma vida mais longa e saudável, permitindo-lhe aproveitar mais seus anos de aposentadoria.

4. **Aumenta os níveis de energia**: O exercício regular pode aumentar os seus níveis de energia, melhorando a eficiência do seu sistema cardiovascular. O aumento do fluxo sanguíneo e o fornecimento de oxigênio aos tecidos ajudam você a se sentir mais enérgico e menos cansado.

5. **Benefícios sociais**: A participação em atividades físicas em grupo, esportes ou aulas de ginástica pode proporcionar interação social, o que é importante para a saúde mental e emocional. Construir uma rede social através da atividade física pode reduzir sentimentos de solidão e isolamento.

Desenvolvendo uma rotina de exercícios

1. **Avalie seu nível de condicionamento físico**: Antes de iniciar qualquer programa de exercícios,

avalie seu nível de condicionamento físico atual. Considere consultar seu médico, especialmente se você tiver alguma condição ou preocupação crônica de saúde. Compreender o seu ponto de partida o ajudará a definir metas realistas e a escolher atividades apropriadas.

2. **Estabeleça metas realistas**: estabeleça metas de condicionamento físico claras e alcançáveis com base na sua avaliação. As metas podem incluir melhorar a saúde cardiovascular, aumentar a força, aumentar a flexibilidade ou perder peso. Ter metas específicas e mensuráveis pode mantê-lo motivado e focado.

3. **Escolha atividades agradáveis**: selecione atividades físicas que você goste, pois é mais provável que você persista nelas. As opções incluem caminhada, natação, ciclismo, ioga, dança, jardinagem ou adesão a um clube esportivo local. Misturar suas atividades pode manter sua rotina interessante e evitar o tédio.

4. **Comece devagar e progrida gradualmente**: se você é novo nos exercícios ou não pratica exercícios há algum tempo, comece devagar para evitar lesões e aumente gradualmente a intensidade e a duração dos treinos. Comece com atividades de baixo impacto, como caminhar ou nadar, e aos poucos incorpore exercícios mais desafiadores.

5. **Incorpore diferentes tipos de exercícios**: Uma rotina de exercícios completa inclui vários tipos de exercícios:

  ○ **Exercício aeróbico**: Atividades como caminhada, corrida, ciclismo ou natação melhoram a saúde cardiovascular e a resistência. Procure fazer pelo menos 150 minutos de atividade aeróbica moderada ou 75 minutos de atividade vigorosa por semana.

  ○ **Treinamento de força**: Exercícios como levantar pesos, usar faixas de resistência ou exercícios com peso corporal (flexões, agachamentos) constroem e mantêm a massa muscular, o que é importante para a força geral e o metabolismo. Procure incluir exercícios de treinamento de força pelo menos dois dias por semana.

  ○ **Exercícios de flexibilidade e equilíbrio**: Atividades como ioga, Pilates ou tai chi melhoram a flexibilidade, o equilíbrio e a coordenação, reduzindo o risco de quedas e lesões. Incorpore esses exercícios à sua rotina várias vezes por semana.

6. **Crie um cronograma**: Estabeleça um cronograma regular de exercícios que se encaixe em sua rotina diária. Consistência é a chave para manter um hábito de boa forma. Considere

reservar horários específicos todos os dias para atividades físicas e tratá-los como compromissos inegociáveis.

7. **Mantenha-se hidratado e alimente-se bem**: Nutrição e hidratação adequadas são essenciais para apoiar sua rotina de exercícios. Beba bastante água antes, durante e depois dos treinos. Faça uma dieta balanceada, rica em frutas, vegetais, proteínas magras e grãos integrais para abastecer seu corpo e ajudar na recuperação.

8. **Ouça seu corpo**: Preste atenção em como seu corpo responde ao exercício. É normal sentir algum desconforto ao iniciar uma nova rotina, mas a dor ou desconforto persistente deve ser resolvido. Ajuste suas atividades conforme necessário e consulte um profissional de saúde, se necessário.

9. **Acompanhe seu progresso**: mantenha um registro de seus treinos, anotando os tipos de exercícios, duração e intensidade. Acompanhar seu progresso pode ajudá-lo a se manter motivado e identificar áreas de melhoria. Comemore suas conquistas e marcos ao longo do caminho.

10. **Permanece motivado**: Manter a motivação pode ser desafiador, mas encontrar maneiras de permanecer inspirado é crucial. Participe de uma aula ou grupo fitness, estabeleça novas metas,

recompense-se por atingir metas e lembre-se dos benefícios de permanecer ativo.

Capítulo 12

Segredo 12: Hábitos Alimentares Saudáveis

Manter hábitos alimentares saudáveis é essencial para o bem-estar geral na aposentadoria. A nutrição adequada apoia a saúde física, melhora a função cognitiva e aumenta os níveis de energia. Ao compreender as necessidades nutricionais na aposentadoria e planejar refeições balanceadas, você poderá desfrutar de um estilo de vida vibrante e saudável.

Necessidades nutricionais na aposentadoria

1.   **Necessidades Calóricas**: Conforme você envelhece, seu metabolismo fica mais lento e você pode precisar de menos calorias do que quando era mais jovem. No entanto, é crucial garantir que as calorias que você consome sejam ricas em nutrientes, fornecendo vitaminas e

minerais essenciais sem excesso de calorias vazias.

2. **Proteína**: A ingestão adequada de proteínas é vital para manter a massa muscular, que diminui naturalmente com a idade. A proteína também apoia a função imunológica e ajuda a reparar tecidos. Inclua uma variedade de fontes de proteína em sua dieta, como carnes magras, peixes, ovos, laticínios, feijões e nozes.

3. **Cálcio e Vitamina D**: Esses nutrientes são essenciais para a saúde óssea, que se torna cada vez mais importante com a idade. Alimentos ricos em cálcio incluem laticínios, folhas verdes e alimentos fortificados. A vitamina D pode ser obtida da luz solar, peixes gordurosos e alimentos fortificados. Suplementos podem ser necessários se a ingestão alimentar for insuficiente.

4. **Fibra**: As fibras auxiliam na digestão, previnem a constipação e ajudam a controlar os níveis de açúcar no sangue. Inclua muitas frutas, vegetais, grãos integrais e legumes em sua dieta para garantir a ingestão adequada de fibras.

5. **Gorduras Saudáveis**: Incorpore gorduras saudáveis, como as encontradas em abacates, nozes, sementes e azeite, para apoiar a saúde do

coração e reduzir a inflamação. Limite as gorduras saturadas e trans, que podem aumentar o risco de doenças cardíacas.

6. **Hidratação**: Manter-se hidratado é crucial para a saúde geral. À medida que envelhece, a sua sensação de sede pode diminuir, tornando importante beber água suficiente de forma consciente ao longo do dia. Beba pelo menos 8 copos de água por dia, mais se você for fisicamente ativo.

7. **Vitaminas e minerais**: Uma dieta bem balanceada deve fornecer a maioria das vitaminas e minerais de que você precisa. Preste especial atenção às vitaminas B12 e B6, que são essenciais para o funcionamento do cérebro e podem ser mais difíceis de absorver com a idade. Verduras folhosas, grãos integrais e cereais fortificados são boas fontes.

Planejando refeições balanceadas

1. **Planejamento de refeições**: Planejar suas refeições com antecedência garante que você incorpore uma variedade de alimentos ricos em nutrientes em sua dieta. Também ajuda a evitar

escolhas prejudiciais e a gerenciar o tamanho das porções.

2. **Café da Manhã Equilibrado**: Comece o dia com um café da manhã balanceado que inclua proteínas, grãos integrais e frutas ou vegetais. Os exemplos incluem aveia coberta com nozes e frutas vermelhas, uma omelete de vegetais com torradas integrais ou iogurte com frutas e granola.

3. **Almoço Nutritivo**: Para o almoço, opte por uma mistura de proteínas magras, grãos integrais e vegetais. Considere uma salada de quinoa com frango grelhado e vegetais mistos, um sanduíche de peru e abacate com pão integral ou uma sopa de lentilha com frutas frescas.

4. **Lanches saudáveis**: Escolha lanches que forneçam energia sustentada e nutrientes essenciais. Os exemplos incluem um punhado de nozes, vegetais fatiados com homus, um pedaço de fruta ou biscoitos integrais com queijo.

5. **Jantar Equilibrado**: O jantar deve incluir uma variedade de grupos alimentares. Opte por peixe ou frango grelhado, uma porção de grãos integrais como arroz integral ou quinoa e uma porção generosa de vegetais cozidos no

vapor ou assados. Inclua uma salada para adicionar fibras e nutrientes.

6.   **O controle da parcela**: Esteja atento ao tamanho das porções para evitar comer demais. Use pratos e tigelas menores para ajudar a administrar as porções e evitar a ingestão excessiva de calorias. Concentre-se em ouvir os sinais de fome e saciedade do seu corpo.

7.   **Métodos de cozinhar**: Escolha métodos de cozimento saudáveis, como grelhar, assar, cozinhar no vapor ou refogar com o mínimo de óleo. Evite frituras e uso excessivo de manteiga ou molhos com alto teor calórico.

8.   **Variedade e Cor**: Incorpore uma variedade de frutas e vegetais coloridos em suas refeições. Cores diferentes indicam nutrientes diferentes, e comer uma variedade de produtos do arco-íris garante uma ampla gama de vitaminas e minerais.

9.   **Limitar alimentos processados**: Minimize o consumo de alimentos processados e embalados, que muitas vezes contêm altos níveis de sódio, açúcar e gorduras prejudiciais à saúde. Opte por alimentos integrais e não processados sempre que possível.

10. **Aproveite suas refeições**: Aproveite o tempo para desfrutar das suas refeições sem distrações. Comer com atenção pode melhorar a digestão e ajudá-lo a apreciar melhor os sabores e texturas dos alimentos.

Dicas Adicionais

1. **Ler rótulos**: Preste atenção aos rótulos nutricionais dos alimentos embalados para fazer escolhas informadas. Procure produtos com baixo teor de sódio, açúcar e gorduras prejudiciais à saúde.

2. **Fique ativo**: Combine uma alimentação saudável com atividade física regular para manter a saúde e o bem-estar geral.

3. **Consulte Profissionais**: Se você tiver necessidades dietéticas ou condições de saúde específicas, consulte um nutricionista ou nutricionista registrado para aconselhamento personalizado e planejamento de refeições.

4. **Alimentação social**: Desfrute de refeições com a família e amigos para tornar a alimentação uma experiência prazerosa e social.

Compartilhar refeições também pode fornecer apoio emocional e fortalecer relacionamentos.

Hábitos alimentares saudáveis são a base de uma jornada de aposentadoria feliz, saudável e rica.

Capítulo 13

Segredo 13: Exames e exames de Saúde Regulares

Exames e exames de saúde regulares são componentes essenciais para manter uma boa saúde na aposentadoria. Eles ajudam na detecção precoce de problemas de saúde, monitorando as condições existentes e garantindo que você siga o caminho certo com as medidas preventivas.

Importância dos exames de saúde regulares

1. **Detecção precoce de problemas de saúde**: Check-ups regulares podem ajudar a detectar potenciais problemas de saúde precocemente, muitas vezes antes do aparecimento dos sintomas. A detecção precoce permite um tratamento mais eficaz e um melhor gerenciamento das condições de saúde, aumentando as chances de um resultado positivo.

2.   **Monitoramento de condições crônicas**: Se você tem problemas de saúde crônicos, como diabetes, hipertensão ou artrite, exames regulares são cruciais para monitorar sua condição e ajustar seu plano de tratamento conforme necessário. Isso ajuda no controle dos sintomas e na prevenção de complicações.

3.   **Cuidado preventivo**: Os cuidados preventivos, incluindo vacinação e aconselhamento sobre estilo de vida, são um aspecto fundamental dos exames de saúde regulares. O seu médico pode recomendar medidas preventivas adaptadas ao seu estado de saúde e fatores de risco, ajudando-o a evitar doenças e a manter o bem-estar geral.

4.   **Aconselhamento de saúde personalizado**: Visitas regulares ao seu médico oferecem uma oportunidade de receber conselhos de saúde personalizados com base no seu histórico médico, estilo de vida e estado de saúde atual. Isso pode incluir recomendações de dieta, exercícios, controle do estresse e outros aspectos de um estilo de vida saudável.

Exames de saúde essenciais na aposentadoria

1. **Triagem de pressão arterial**: O monitoramento regular da pressão arterial é crucial para detectar a hipertensão, que pode levar a sérios problemas de saúde, como doenças cardíacas e derrames, se não for tratada. Procure verificar sua pressão arterial pelo menos uma vez por ano.

2. **Verificação de colesterol**: Níveis elevados de colesterol podem aumentar o risco de doenças cardíacas e derrames. Recomenda-se verificar os níveis de colesterol a cada 4-6 anos, ou com mais frequência se você tiver fatores de risco ou histórico de doença cardiovascular.

3. **Teste de glicose no sangue**: Testes regulares de glicemia são importantes para detectar e controlar o diabetes. Se você corre risco de diabetes ou tem histórico familiar da doença, converse com seu médico com que frequência você deve fazer o teste.

4. **Teste de Densidade Óssea**: A osteoporose torna-se mais comum com a idade, especialmente em mulheres. Um teste de

densidade óssea pode ajudar a avaliar o risco de fraturas e osteoporose. Discuta com seu médico quando iniciar o rastreamento, normalmente por volta dos 65 anos.

5. **Rastreio do cancro do cólon**: Recomenda-se o rastreio regular do cancro do cólon a partir dos 50 anos de idade, ou antes, se tiver factores de risco, como histórico familiar da doença. As opções incluem colonoscopia, exames de fezes e outros métodos.

6. **Mamografias e exames de Papanicolaou**: As mulheres devem continuar a realizar mamografias regulares para despistagem do cancro da mama, bem como exames de Papanicolau e testes de HPV para o cancro do colo do útero, com base na idade e nos factores de risco. Discuta o cronograma de triagem apropriado com seu médico.

7. **Rastreio do cancro da próstata**: Os homens devem discutir os benefícios e riscos do rastreio do cancro da próstata com o seu médico. A triagem normalmente inclui um exame de sangue PSA e, se indicado, um exame retal digital.

8.   **Testes de visão e audição**: Testes regulares de visão e audição são importantes para detectar alterações que podem afetar sua qualidade de vida. Os testes de visão podem identificar problemas como glaucoma e catarata, enquanto os testes de audição podem detectar perda auditiva.

9.   **Verificações de pele**: Exames regulares da pele feitos por um dermatologista podem ajudar a detectar o câncer de pele precocemente. Se você tem histórico de câncer de pele ou exposição solar significativa, exames mais frequentes podem ser recomendados.

10.   **Check-ups odontológicos**: A saúde bucal está intimamente ligada à saúde geral. Exames dentários regulares podem prevenir e detectar problemas como doenças gengivais, cáries e câncer bucal.

Dicas para aproveitar ao máximo seus exames de saúde

1.   **Prepare-se com antecedência**: Antes da consulta, faça uma lista de quaisquer sintomas,

preocupações ou dúvidas que você tenha. Traga uma lista de todos os medicamentos e suplementos que você toma.

2. **Seja honesto e aberto**: Forneça informações precisas e completas sobre sua saúde, estilo de vida e quaisquer mudanças que você tenha notado. A honestidade com seu médico é a chave para receber o melhor atendimento.

3. **Seguir**: Se o seu médico recomendar mais testes, tratamentos ou mudanças no estilo de vida, siga em frente. Agende consultas de acompanhamento conforme necessário para monitorar seu progresso.

4. **Manter registros**: Mantenha um registro de seus exames de saúde, resultados de testes e quaisquer tratamentos que você receber. Isso ajuda você a monitorar sua saúde ao longo do tempo e garante a continuidade dos cuidados se você consultar diferentes provedores.

5. **Mantenha-se informado**: Mantenha-se informado sobre exames de saúde e medidas preventivas recomendadas para sua faixa etária. Ser proativo em relação à sua saúde pode ajudá-lo a ficar à frente de possíveis problemas.

Investir tempo na sua saúde hoje pode levar a um amanhã mais feliz e saudável.

Capítulo 14

Segredo 14: Saúde Mental e Bem-Estar

Manter a saúde mental e o bem-estar é tão importante quanto a saúde física, especialmente na aposentadoria. Este período da vida pode trazer mudanças e ajustes significativos que podem levar ao estresse e à ansiedade. Concentrar-se no bem-estar mental por meio do gerenciamento eficaz do estresse e de práticas como atenção plena e meditação pode melhorar muito sua qualidade de vida.

Gerenciando o estresse e a ansiedade

1. **Entenda as fontes**: Identifique as fontes específicas de estresse e ansiedade em sua vida. Os factores de stress comuns na reforma incluem preocupações financeiras, problemas de saúde, mudanças na dinâmica social e adaptação a uma nova rotina diária. Compreender esses gatilhos é o primeiro passo para gerenciá-los de forma eficaz.

2. **Desenvolva mecanismos de enfrentamento saudáveis**: Encontre maneiras saudáveis de lidar com o estresse. Isso pode incluir atividade física,

hobbies, passar tempo com entes queridos ou participar de atividades criativas. Evite mecanismos de enfrentamento prejudiciais, como beber ou comer em excesso, que podem agravar o estresse.

3. **Permaneça conectado**: Mantenha fortes conexões sociais com familiares, amigos e grupos comunitários. A interação social fornece apoio emocional e pode ajudar a reduzir sentimentos de solidão e isolamento, que contribuem comummente para a ansiedade.

4. **Estabeleça metas realistas**: estabeleça metas alcançáveis para suas atividades diárias e planos de longo prazo. Ter um senso de propósito e realização pode reduzir o estresse e proporcionar um foco positivo.

5. **Crie uma rotina**: Estabelecer uma rotina diária pode proporcionar estrutura e uma sensação de normalidade. Inclua tempo para relaxamento, atividade física, interações sociais e hobbies em sua rotina.

6. **Procure ajuda profissional**: Se o estresse e a ansiedade se tornarem insuportáveis, considere procurar a ajuda de um profissional de saúde mental. Terapia, aconselhamento ou medicação podem ser eficazes no tratamento de casos mais graves de ansiedade e estresse.

Praticando Mindfulness e Meditação

1. **Introdução à atenção plena**: Mindfulness é a prática de estar totalmente presente e engajado no momento, sem julgamento. Envolve prestar atenção aos seus pensamentos, sentimentos e sensações de uma forma não reativa. A atenção plena pode ajudar a reduzir o estresse, melhorar o foco e melhorar a regulação emocional.

2. **Benefícios da Meditação**: A meditação é uma prática que envolve focar a mente e eliminar distrações para alcançar um estado de relaxamento e clareza mental. A meditação regular pode reduzir os sintomas de ansiedade e depressão, melhorar a qualidade do sono e aumentar o bem-estar geral.

3. **Primeiros passos com meditação**:
   - **Encontre um espaço tranquilo**: Escolha um espaço tranquilo e confortável onde você possa sentar ou deitar sem interrupções.
   - **Defina um horário**: Comece com apenas alguns minutos por dia e aumente gradualmente a duração à medida que se sentir mais confortável com a prática.
   - **Concentre-se em sua respiração**: Preste atenção à sua respiração. Inspire profundamente e expire lentamente,

concentrando-se na sensação da respiração entrando e saindo do seu corpo.

- ○ **Use um mantra ou meditação guiada**: Algumas pessoas acham útil usar um mantra (uma palavra ou frase repetida) ou seguir uma meditação guiada para manter a mente focada.

4. **Práticas de atenção plena**:
   - ○ **Respiração Consciente**: Reserve alguns minutos todos os dias para se concentrar na respiração. Observe o ritmo da sua respiração e a sensação do ar entrando e saindo do seu corpo.
   - ○ **Varredura Corporal**: Faça uma varredura corporal examinando mentalmente cada parte do corpo da cabeça aos pés, percebendo qualquer sensação ou tensão e permitindo que ela se libere.
   - ○ **Alimentação consciente**: Preste total atenção à experiência de comer. Observe o sabor, a textura e o aroma da sua comida e coma lenta e deliberadamente.
   - ○ **Caminhada consciente**: Faça uma caminhada e concentre-se na sensação de

cada passo, na sensação do chão sob seus pés e nas imagens e sons ao seu redor.

5. **Incorpore a atenção plena na vida diária**: Integre práticas de mindfulness em sua rotina diária. Isso pode incluir momentos de atenção plena durante atividades diárias, como escovar os dentes, lavar a louça ou esperar na fila. O objetivo é estar totalmente presente e engajado em tudo o que você está fazendo.

6. **Participe de um grupo ou aula**: Considere ingressar em um grupo de atenção plena ou meditação ou fazer um curso. Isso pode fornecer orientação, apoio e um senso de comunidade, o que pode melhorar sua prática.

7. **Use tecnologia**: Existem vários aplicativos e recursos online disponíveis para ajudá-lo a praticar a atenção plena e a meditação. Eles podem fornecer sessões guiadas, cronômetros e ferramentas de rastreamento para apoiar sua jornada.

8. **Seja paciente e consistente**: Desenvolver uma prática de atenção plena ou meditação leva tempo e consistência. Seja paciente consigo mesmo e faça disso uma parte regular de sua rotina. Os benefícios aumentarão com a prática continuada.

Estas práticas fornecem ferramentas valiosas para navegar pelas mudanças e desafios da reforma, ajudando-o a desfrutar de uma vida mais equilibrada, pacífica e plena.

Capítulo 15

Segredo 15: Adotando Uma Rotina de Sono saudável

Um sono de qualidade é fundamental para uma boa saúde e bem-estar, especialmente na reforma. Uma rotina de sono saudável pode melhorar sua saúde física, clareza mental, humor e qualidade de vida geral. Esta seção investiga a importância do sono e oferece dicas práticas para conseguir um sono melhor.

Importância do Sono

1. **Saúde física**: O sono adequado é vital para a saúde física. Ajuda o corpo a reparar e regenerar tecidos, construir músculos e apoiar o sistema imunológico. O sono insatisfatório está associado a um risco aumentado de doenças crônicas, como doenças cardíacas, diabetes, obesidade e hipertensão.

2. **Saúde mental**: O sono desempenha um papel crucial na função cognitiva, incluindo memória, atenção e tomada de decisões. Um bom sono pode aumentar a criatividade e as habilidades de resolução de problemas. Por outro

lado, a privação de sono está associada ao declínio cognitivo e ao aumento do risco de problemas de saúde mental, como depressão e ansiedade.

3. **Bem-estar emocional**: O sono de qualidade contribui para a estabilidade emocional e a resiliência. Ajuda a regular o humor e a reduzir a irritabilidade e o estresse. As pessoas que dormem o suficiente estão mais bem equipadas para lidar com os desafios diários e manter uma perspectiva positiva.

4. **Longevidade**: Pesquisas indicam que um sono consistente e adequado está associado a uma vida útil mais longa. O sono ajuda a manter a saúde geral, reduzindo o risco de doenças e condições que encurtam a vida.

Dicas para dormir melhor

1. **Estabeleça um horário regular de sono**: Vá para a cama e acorde na mesma hora todos os dias, mesmo nos finais de semana. A consistência ajuda a regular o relógio interno do seu corpo, tornando mais fácil adormecer e acordar naturalmente.

2. **Crie um ambiente tranquilo**:

○ **Cama confortável**: Certifique-se de que seu colchão e travesseiros sejam confortáveis e tenham suporte.

○ **Sala escura**: Use cortinas blackout ou uma máscara para os olhos para manter o ambiente escuro.

○ **Temperatura fria**: Mantenha o quarto fresco, em torno de 15-19°C (60-67°F).

○ **Espaço Silencioso**: Use protetores de ouvido ou uma máquina de ruído branco para bloquear ruídos perturbadores.

3. **Limitar a exposição às telas**: Reduza o tempo de tela de TVs, computadores, tablets e smartphones pelo menos uma hora antes de dormir. A luz azul emitida pelas telas pode interferir na produção de melatonina, hormônio que regula o sono.

4. **Desenvolva uma rotina para a hora de dormir**: Estabeleça uma rotina calmante antes do sono para sinalizar ao seu corpo que é hora de relaxar. Isso pode incluir ler, tomar um banho quente, ouvir música suave ou praticar técnicas de relaxamento, como respiração profunda ou meditação.

5. **Cuidado com sua dieta**: Evite grandes refeições, cafeína e álcool perto da hora de

dormir. A cafeína e a nicotina são estimulantes que podem perturbar o sono, enquanto refeições pesadas podem causar desconforto. O álcool pode fazer você sentir sono inicialmente, mas pode atrapalhar o sono mais tarde durante a noite.

6. **Mantenha-se fisicamente ativo**: A atividade física regular pode ajudá-lo a adormecer mais rápido e a desfrutar de um sono mais profundo. No entanto, evite exercícios vigorosos perto da hora de dormir, pois podem ser muito estimulantes.

7. **Gerenciar o estresse e a ansiedade**: Pratique técnicas para reduzir o estresse, como atenção plena, meditação ou ioga. Manter um diário para anotar seus pensamentos antes de dormir pode ajudar a limpar sua mente e reduzir a ansiedade.

8. **Limitar cochilos**: Embora os cochilos possam ser benéficos, especialmente se você não dormiu bem na noite anterior, limite-os a 20-30 minutos e evite cochilar no final do dia para evitar interferência no sono noturno.

9. **Evite estimulantes**: Evite consumir estimulantes como cafeína e nicotina nas horas que antecedem a hora de dormir, pois eles podem

interferir na sua capacidade de adormecer e permanecer dormindo.

10. **Use soníferos com moderação**: Embora os soníferos vendidos sem prescrição médica e os medicamentos prescritos possam ser úteis para uso ocasional, eles não devem ser considerados a longo prazo. Consulte um médico se tiver problemas crônicos de sono.

11. **Obtenha exposição à luz natural**: Passe algum tempo ao ar livre sob a luz solar natural durante o dia. A exposição à luz natural ajuda a regular o ciclo sono-vigília e a melhorar a qualidade do sono.

12. **Mantenha um diário do sono**: monitore seus padrões de sono, hábitos diários e quaisquer fatores que possam estar afetando seu sono. Isso pode ajudá-lo a identificar padrões e fazer os ajustes necessários para melhorar a qualidade do sono.

13. **Procure ajuda profissional**: Se você continuar tendo problemas para dormir apesar de fazer essas alterações, consulte um especialista em sono ou profissional de saúde. Distúrbios do sono como insônia, apnéia do sono ou síndrome

das pernas inquietas podem exigir intervenção profissional.

Uma rotina de sono saudável proporcionará a energia, a clareza mental e o equilíbrio emocional necessários para aproveitar plenamente esta fase da vida.

Parte 4

Permanecend o Engajado e Feliz

Capítulo 16

Segredo 16: Encontrando um Propósito

A aposentadoria é um momento de grande oportunidade para explorar novos interesses e descobrir o que realmente lhe traz alegria e realização. Encontrar um senso de propósito pode aumentar significativamente sua felicidade e bem-estar geral. Seja através da descoberta de novas paixões, do voluntariado ou do envolvimento em serviços comunitários, permanecer ativo e com propósito é a chave para uma aposentadoria gratificante.

Descobrindo novas paixões

1.   **Reflita sobre seus interesses**: Reserve um tempo para refletir sobre atividades e hobbies que sempre lhe interessam, mas que talvez você não tenha tido tempo de praticar durante seus anos de trabalho. Pode ser qualquer coisa, desde jardinagem e pintura, aprender um instrumento musical ou praticar um novo esporte.

2.   **Experimente novas atividades**: Não tenha medo de sair da sua zona de conforto e tentar algo completamente novo. Participe de um

clube, faça aulas ou participe de workshops para explorar diferentes interesses. Muitos centros comunitários e organizações locais oferecem uma variedade de programas adaptados para aposentados.

3. **Formação contínua**: Participar na aprendizagem ao longo da vida pode ser extremamente gratificante. Inscreva-se em cursos em faculdades ou universidades locais, pessoalmente ou online, para aprender sobre assuntos que o fascinam. Isso não apenas mantém sua mente afiada, mas também proporciona uma sensação de realização e propósito.

4. **Viajar e explorar**: Se você tem paixão por viagens, use a aposentadoria como uma oportunidade para explorar novos lugares e culturas. Viajar pode ampliar seus horizontes, apresentar novas pessoas e criar experiências memoráveis que enriquecem sua vida.

5. **Busque saídas criativas**: A criatividade pode ser uma forma poderosa de encontrar um propósito. Seja escrevendo, pintando, fazendo artesanato ou fotografando, as atividades criativas permitem que você se expresse e crie algo significativo.

Voluntariado e serviço comunitário

1.   **Identifique as causas com as quais você se preocupa**: Pense nas questões e causas que são importantes para você. Quer se trate de bem-estar animal, conservação ambiental, educação ou saúde, existem inúmeras organizações que valorizam o seu tempo e habilidades.

2.   **Oportunidades de voluntariado em pesquisa**: Procure oportunidades de voluntariado que se alinhem com seus interesses e habilidades. Muitas organizações, desde organizações sem fins lucrativos locais até instituições de caridade nacionais, precisam de voluntários. Sites como o VolunteerMatch podem ajudá-lo a encontrar oportunidades em sua área.

3.   **Aproveite suas habilidades e experiência**: Suas habilidades e experiência profissionais podem ser extremamente valiosas em um ambiente de voluntariado. Considere orientar jovens profissionais, oferecer consultoria pro bono ou fornecer suporte administrativo a uma organização sem fins lucrativos.

4.   **Junte-se a grupos comunitários**: O envolvimento com grupos comunitários, como

associações de bairro, grupos religiosos ou clubes de hobby, pode proporcionar um sentimento de pertencimento e propósito. Esses grupos geralmente oferecem oportunidades de voluntariado e eventos que permitem que você contribua com sua comunidade.

5. **Mentoria e Tutoria**: Compartilhar seu conhecimento e experiência com outras pessoas por meio de orientação ou tutoria pode ser incrivelmente gratificante. Muitas escolas, centros comunitários e organizações sem fins lucrativos procuram voluntários para apoiar estudantes e jovens profissionais.

6. **Comece sua própria iniciativa**: Se você perceber uma necessidade em sua comunidade que não está sendo atendida, considere iniciar sua própria iniciativa ou organização sem fins lucrativos. Isto pode ser qualquer coisa, desde a organização de uma limpeza local até a criação de um grupo de apoio para aposentados.

7. **Compromisso social**: O voluntariado também é uma ótima maneira de conhecer novas pessoas e construir conexões sociais. A camaradagem e o senso de comunidade que advêm do trabalho conjunto em prol de um

objetivo comum podem melhorar sua vida social e sua felicidade geral.

8.   **Comprometa-se com o envolvimento regular**: Para realmente encontrar um propósito no voluntariado, comprometa-se com o envolvimento regular. Seja semanal, mensal ou sazonal, a participação consistente ajuda a construir conexões mais profundas e um sentimento mais forte de realização.

Dicas adicionais para encontrar um propósito

1.   **Estabeleça metas pessoais**: Estabeleça metas pessoais relacionadas às suas novas paixões e atividades voluntárias. Ter metas específicas e alcançáveis proporciona um senso de direção e propósito.

2.   **Equilibre seu tempo**: Embora encontrar um propósito seja importante, também é crucial equilibrar seu tempo. Certifique-se de ter tempo suficiente para relaxar, cuidar de si mesmo e passar com seus entes queridos.

3.   **Fique aberto à mudança**: Seus interesses e paixões podem evoluir com o tempo. Fique aberto a novas oportunidades e esteja

disposto a ajustar suas atividades conforme necessário.

4. **Comemore suas contribuições**: Reconheça e celebre o impacto de suas contribuições, seja em suas atividades pessoais ou no trabalho voluntário. Reconhecer seus esforços reforça o valor do que você está fazendo e aumenta seu senso de propósito.

Ao descobrir novas paixões e engajar-se no voluntariado e no serviço comunitário, você poderá encontrar um profundo senso de propósito e realização na aposentadoria. Permanecer ativo e envolvido não apenas aumenta a sua felicidade, mas também impacta positivamente a sua comunidade e enriquece a sua vida de maneiras significativas.

Capítulo 17

Segredo 17: Construindo e Mantendo Relacionamentos

Relacionamentos fortes são a base da felicidade e do bem-estar na aposentadoria. Ficar conectado com a família e amigos, bem como conhecer novas pessoas, pode proporcionar apoio emocional, reduzir sentimentos de solidão e agregar riqueza à sua vida. Esta seção explora a importância de nutrir os relacionamentos existentes e dicas para expandir seu círculo social.

Ficar conectado com a família e amigos

1.   **Comunicação Regular**: Crie o hábito de se comunicar regularmente com familiares e amigos. Isso pode ser por meio de chamadas telefônicas, chats de vídeo, e-mails ou mídias sociais. Manter contato mantém relacionamentos fortes e mostra aos seus entes queridos que você se importa.

2.   **Reuniões familiares**: Organize reuniões familiares ou confraternizações. Quer seja um jantar semanal, um brunch mensal ou uma

reunião familiar anual, passar tempo juntos ajuda a manter laços estreitos.

3.   **Atividades compartilhadas**: Participe de atividades que você e seus entes queridos gostam. Isso pode incluir hobbies como jardinagem, cozinhar, fazer caminhadas ou jogar. Experiências compartilhadas criam memórias duradouras e fortalecem conexões.

4.   **Papel de apoio**: Seja uma presença solidária na vida de seus entes queridos. Ofereça ajuda quando necessário, ouça ativamente e encoraje. Estar presentes um para o outro durante os altos e baixos da vida é vital para manter relacionamentos fortes.

5.   **Comemore marcos**: Reconheça e comemore marcos importantes, como aniversários, datas comemorativas e conquistas. Celebrar juntos fortalece o sentimento de pertencimento e apreço.

6.   **Planeje visitas e viagens**: Se familiares e amigos moram longe, planeje visitas ou viagens para vê-los. Viajar para visitar entes queridos mostra que você valoriza o relacionamento e está disposto a fazer um esforço para se manter conectado.

7.   **Use tecnologia**: Aproveite a tecnologia para permanecer conectado, especialmente se a distância for uma barreira. Chamadas de vídeo, bate-papos em grupo e plataformas de mídia social podem ajudar a preencher a lacuna e manter relacionamentos fortes.

Conhecendo pessoas novas

1.   **Junte-se a clubes e grupos**: Participe de clubes e grupos alinhados aos seus interesses. Pode ser um clube do livro, um grupo de jardinagem, uma equipe esportiva ou uma aula de hobby. Participar desses grupos oferece oportunidades de conhecer pessoas que pensam como você e fazer novas amizades.

2.   **Participe de eventos da comunidade**: Envolva-se em eventos comunitários, como festivais, feiras e reuniões locais. Esses eventos oferecem uma oportunidade de socializar, conhecer novas pessoas e se sentir mais conectado à sua comunidade.

3.   **Voluntário**: O voluntariado não é apenas uma ótima maneira de retribuir, mas também uma excelente oportunidade de conhecer novas pessoas. Trabalhar juntos em prol de um objetivo

comum promove a camaradagem e pode levar a relacionamentos significativos.

4. **Ter aulas**: Inscreva-se em aulas ou workshops para aprender algo novo. Quer se trate de arte, música, culinária ou preparação física, as aulas oferecem um ambiente estruturado para conhecer pessoas com interesses semelhantes.

5. **Mídias sociais e comunidades online**: Use mídias sociais e comunidades online para se conectar com outras pessoas. Participe de grupos e fóruns relacionados aos seus interesses, participe de discussões e construa relacionamentos com pessoas de diferentes partes do mundo.

6. **Participe de reuniões religiosas ou espirituais**: Se você é religioso ou espiritual, participar de cultos ou reuniões em seu local de culto pode ser uma ótima maneira de conhecer novas pessoas e construir uma comunidade de apoio.

7. **Rede através de amigos**: Expanda seu círculo social fazendo networking com amigos existentes. Participe de festas, reuniões sociais ou eventos onde você possa encontrar amigos e construir novas conexões.

8.   **Seja aberto e acessível**: Faça um esforço para ser aberto e acessível ao conhecer novas pessoas. Sorria, faça contato visual e demonstre interesse genuíno em conhecer outras pessoas. Uma linguagem corporal positiva e um comportamento amigável podem fazer uma grande diferença.

9.   **Organize reuniões sociais**: Organize reuniões sociais em sua casa ou na sua comunidade. Convide vizinhos, amigos e conhecidos para promover um senso de comunidade e criar oportunidades para novas amizades.

10. **Pratique a escuta ativa**: Ao conhecer novas pessoas, pratique a escuta ativa. Preste atenção ao que eles dizem, faça perguntas e demonstre empatia. Construir relacionamentos fortes começa fazendo com que os outros se sintam valorizados e ouvidos.

Dicas adicionais para construir e manter relacionamentos

1.   **Seja genuíno e autêntico**: Autenticidade é a chave para construir relacionamentos significativos. Seja você mesmo, compartilhe

seus verdadeiros pensamentos e sentimentos e incentive outros a fazerem o mesmo.

2. **Mostrar apreciação**: Expresse regularmente gratidão e apreço aos seus entes queridos e novos amigos. Um simples agradecimento ou um gesto gentil pode ajudar muito a fortalecer os laços.

3. **Resolver conflitos de forma construtiva**: Resolva conflitos ou mal-entendidos de forma calma e construtiva. A comunicação eficaz e a disposição para encontrar soluções ajudam a manter relacionamentos saudáveis.

4. **Equilibre Dar e Receber**: Esforce-se para encontrar um equilíbrio entre dar e receber nos relacionamentos. Ofereça apoio e ajuda quando necessário, mas também esteja aberto para receber apoio de outras pessoas.

5. **Priorize relacionamentos**: Faça dos relacionamentos uma prioridade em sua vida. Dedique tempo e esforço para cultivar conexões e não deixe que agendas lotadas ou outros compromissos tenham precedência sobre o seu bem-estar social.

Relacionamentos fortes fornecem apoio emocional, reduzem sentimentos de isolamento e contribuem significativamente para a sua felicidade e bem-estar.

Capítulo 18

Segredo 18: Viajando e Explorando Novos Lugares

Viajar e explorar novos lugares pode ser uma das experiências mais gratificantes durante a aposentadoria. Oferece uma sensação de aventura, a oportunidade de aprender sobre diferentes culturas e de criar memórias duradouras. Esta seção investiga os benefícios de viajar na aposentadoria e fornece dicas para planejar viagens econômicas.

Benefícios de viajar na aposentadoria

1.   **Estímulo mental**: Viajar para novos lugares estimula o cérebro, expondo você a diferentes ambientes, idiomas e culturas. Essa estimulação mental pode ajudar a manter sua mente afiada, melhorar a função cognitiva e até retardar o início da demência.

2.   **Atividade física**: As viagens geralmente envolvem atividades físicas, como caminhadas, caminhadas e passeios turísticos, que contribuem para uma melhor saúde física. A atividade física regular ajuda a manter a mobilidade, reduz o

risco de doenças crônicas e melhora o bem-estar geral.

3. **Bem-estar emocional**: Explorar novos lugares e vivenciar diferentes culturas pode melhorar seu bem-estar emocional. Viajar proporciona uma pausa na rotina, reduz o estresse e promove relaxamento e felicidade. A emoção e a alegria de descobrir novos destinos podem melhorar o seu humor e criar uma sensação de realização.

4. **Conexões Sociais**: Viajar permite que você conheça novas pessoas e faça amigos de diferentes origens. Quer você participe de passeios em grupo, participe de eventos locais ou fique em acomodações sociais como albergues, viajar pode expandir sua rede social e melhorar seu senso de comunidade.

5. **Enriquecimento Cultural**: A exposição a diferentes culturas amplia sua perspectiva e aprofunda sua compreensão do mundo. Visitar locais históricos, museus e marcos culturais enriquece seu conhecimento e apreciação de diversas tradições, costumes e histórias.

6. **Crescimento pessoal**: Viajar incentiva o crescimento pessoal, tirando você da sua zona de

conforto e apresentando novos desafios. Navegar por lugares desconhecidos, experimentar novos alimentos e adaptar-se a diferentes ambientes promove resiliência, adaptabilidade e confiança.

7.   **Tempo de qualidade com os entes queridos**: Viajar com a família ou amigos oferece uma oportunidade de fortalecer relacionamentos e criar lembranças preciosas. Experiências de viagem compartilhadas criam laços e oferecem uma maneira única de passar bons momentos juntos.

Planejando viagens econômicas

1.   **Defina um orçamento de viagem**: comece definindo um orçamento de viagem realista com base na sua situação financeira. Determine quanto você pode gastar em transporte, acomodação, alimentação, atividades e lembranças. Manter um orçamento ajuda a garantir que você aproveite suas viagens sem estresse financeiro.

2.   **Viajar fora do horário de pico**: planeje suas viagens fora da alta temporada, quando os preços de voos, acomodações e atrações são mais baixos. Evitar horários de pico de viagem pode economizar dinheiro e proporcionar uma

experiência mais descontraída e agradável, sem multidões.

3. **Procure ofertas e descontos**: Aproveite ofertas de viagens, descontos e promoções. Inscreva-se em boletins informativos de companhias aéreas, agências de viagens e sites de ofertas para se manter informado sobre ofertas especiais. Considere usar descontos para idosos disponíveis para transporte, acomodações e atrações.

4. **Use pontos de recompensa e milhas**: se você acumulou pontos de recompensa ou milhas de passageiro frequente, use-os para reduzir custos de viagem. Muitas empresas de cartão de crédito oferecem prêmios de viagem que podem ser trocados por voos, estadias em hotéis e outras despesas de viagem.

5. **Escolha destinos econômicos**: selecione destinos que ofereçam uma boa relação custo-benefício. Alguns países e cidades são mais acessíveis do que outros, especialmente quando se trata de alojamento, alimentação e atividades. Pesquise destinos com custo de vida mais baixo para esticar ainda mais seu orçamento de viagens.

6. **Fique em acomodações acessíveis**: considere ficar em acomodações econômicas, como albergues, pensões, aluguéis por temporada ou Airbnb. Reservar um lugar com cozinha permite que você prepare suas próprias refeições, economizando dinheiro em jantar fora.

7. **Viagem leve**: Faça as malas com eficiência para evitar taxas extras de bagagem e tornar suas viagens mais convenientes. Traga roupas versáteis e itens essenciais e evite sobrecarregar as malas. Viajar com pouca bagagem também pode facilitar o uso do transporte público e a movimentação com mais liberdade.

8. **Use transporte público**: O transporte público costuma ser mais acessível do que táxis ou carros alugados. Pesquise as opções de transporte público disponíveis no seu destino, como ônibus, trens e metrô, para se locomover com economia.

9. **Planeje e reserve com antecedência**: planejar e reservar sua viagem com antecedência pode ajudá-lo a garantir melhores ofertas em voos, acomodações e atividades. A reserva antecipada geralmente traz descontos e permite

que você escolha entre uma ampla gama de opções.

10. **Coma como um morador local**: Economize dinheiro em comida jantando em restaurantes locais, vendedores de comida de rua e mercados, em vez de restaurantes caros. Comer como um morador local não apenas reduz custos, mas também proporciona uma experiência culinária autêntica.

11. **Atividades gratuitas e de baixo custo**: Pesquise atividades gratuitas e de baixo custo no seu destino. Muitas cidades oferecem passeios gratuitos, museus com entrada gratuita e atrações ao ar livre, como parques e praias. Procure eventos e festivais que não cobram entrada.

12. **Seguro de viagem**: Embora possa parecer uma despesa adicional, o seguro de viagem pode economizar dinheiro a longo prazo, cobrindo custos inesperados, como emergências médicas, cancelamentos de viagens e perda de bagagem.

Dicas adicionais para aproveitar viagens na aposentadoria

1. **Planeje com flexibilidade**: Embora seja bom ter um itinerário, deixe espaço para a

espontaneidade. Às vezes, as melhores experiências vêm de aventuras não planejadas.

2. **Precauções de saúde**: Tome as precauções de saúde necessárias, especialmente se viajar para o exterior. Certifique-se de ter todas as vacinas exigidas, trazer medicamentos essenciais e manter-se informado sobre as condições de saúde no seu destino.

3. **Aprenda frases básicas**: Se estiver viajando para um país que não fala inglês, aprenda algumas frases básicas no idioma local. Ajuda na comunicação e mostra respeito pela cultura local.

4. **Documente sua jornada**: Mantenha um diário de viagem ou blog para documentar suas experiências. Tirar fotos e escrever sobre suas viagens pode ajudá-lo a guardar lembranças e compartilhar suas aventuras com familiares e amigos.

5. **Mantenha a mente aberta**: Abrace novas experiências e mantenha a mente aberta. Cada destino tem algo único a oferecer, e ser receptivo a diferentes culturas e estilos de vida pode enriquecer a sua experiência de viagem.

Viajar e explorar novos lugares pode melhorar significativamente seus anos de aposentadoria, proporcionando aventura, aprendizado e crescimento pessoal. Ao planejar viagens econômicas e permanecer aberto a novas experiências, você pode aproveitar os muitos benefícios que as viagens trazem sem sobrecarregar suas finanças.

Capítulo 19

Segredo 19: Aprendizagem ao Longo da Vida

A aposentadoria é um excelente momento para abraçar a aprendizagem ao longo da vida, mantendo a mente afiada e engajada. Adquirir novos hobbies e interesses e inscrever-se em cursos e workshops pode melhorar muito a sua qualidade de vida, proporcionar realização pessoal e oferecer inúmeros benefícios à saúde mental. Esta seção explora as vantagens da aprendizagem ao longo da vida e oferece conselhos práticos sobre como integrar a educação contínua na sua aposentadoria.

Adquirindo novos hobbies e interesses

1. **Realização pessoal**: Descobrir novos hobbies e interesses pode proporcionar imensa satisfação pessoal e uma sensação de realização. Se você sempre quis pintar, jardinar, tocar um

instrumento ou escrever, agora é o momento perfeito para explorar essas paixões.

2.   **Estímulo mental**: O envolvimento em novas atividades mantém seu cérebro ativo e desafiado. Aprender novas habilidades e hobbies pode melhorar a função cognitiva, melhorar a memória e aumentar a agudeza mental geral.

3.   **Interação social**: Muitos hobbies oferecem oportunidades de interação social. Participar de um clube do livro, de um grupo de jardinagem ou de uma aula de arte pode ajudá-lo a conhecer pessoas que pensam como você, promovendo conexões sociais e reduzindo sentimentos de isolamento.

4.   **Saúde física**: Certos hobbies, como jardinagem, dança ou caminhadas, proporcionam atividade física, que é crucial para manter uma boa saúde na aposentadoria. Manter-se fisicamente ativo por meio de hobbies agradáveis pode melhorar a mobilidade, o equilíbrio e o bem-estar geral.

5.   **Alívio de estresse**: Os hobbies podem servir como um ótimo analgésico. Atividades como tricotar, pintar ou tocar música podem

proporcionar um efeito calmante, ajudando a reduzir a ansiedade e a promover o relaxamento.

6.   **Criatividade e inovação**: Adotar novos hobbies pode aumentar sua criatividade e pensamento inovador. As atividades criativas estimulam diferentes áreas do cérebro e podem levar a novas formas de pensar e resolver problemas.

Inscrição em Cursos e Workshops

1.   **Oportunidades de aprendizagem ao longo da vida**: Muitas instituições educacionais e centros comunitários oferecem cursos e oficinas destinadas a aposentados. Eles podem variar de disciplinas acadêmicas a habilidades práticas, proporcionando uma forma estruturada de continuar aprendendo.

2.   **Cursos online**: A Internet oferece diversos cursos on-line sobre praticamente qualquer assunto. Sites como Coursera, Udemy e Khan Academy oferecem acesso a cursos ministrados por especialistas de todo o mundo, permitindo que você aprenda no seu próprio ritmo, no conforto da sua casa.

3.   **Aulas de faculdades comunitárias**: As faculdades comunitárias locais geralmente oferecem aulas para idosos a preços reduzidos. Essas aulas cobrem uma ampla variedade de assuntos, incluindo arte, história, tecnologia e saúde, proporcionando oportunidades para aprender novas habilidades e conhecer novas pessoas.

4.   **Workshops e Seminários**: Participe de workshops e seminários sobre temas de seu interesse. Eles podem ser encontrados em bibliotecas locais, centros comunitários e organizações profissionais. Os workshops oferecem experiências de aprendizagem práticas e geralmente são mais interativos do que as aulas tradicionais.

5.   **Palestras e Eventos Convidados**: Muitas universidades e instituições culturais realizam palestras e eventos abertos ao público. Esses eventos podem ser uma ótima maneira de aprender com especialistas em diversas áreas e se manter informado sobre temas e tendências atuais.

6.   **Aprendizagem de línguas**: Aprender um novo idioma pode ser um desafio particularmente gratificante. As aulas de línguas, sejam

presenciais ou online, não só melhoram a função cognitiva, mas também abrem novas oportunidades de viagens e experiências culturais.

7. **Desenvolvimento profissional**: Se você tem um interesse profissional específico ou deseja permanecer conectado à sua área de carreira, considere se matricular em cursos que ofereçam desenvolvimento profissional. Muitos setores oferecem créditos de educação continuada que podem manter suas habilidades atualizadas.

Dicas para abraçar a aprendizagem ao longo da vida

1. **Identifique seus interesses**: Comece identificando assuntos ou atividades pelas quais você tem paixão. Considere o que você sempre quis aprender ou experimentar, mas nunca teve tempo para fazer isso.

2. **Definir metas**: Estabeleça metas realistas e alcançáveis para sua jornada de aprendizagem. Ter objetivos específicos ajuda a mantê-lo motivado e proporciona um senso de direção.

3.   **Crie um cronograma de aprendizagem**: Reserve um tempo regular em sua programação para aprender. Consistência é a chave para progredir e manter um hábito de aprendizagem ao longo da vida.

4.   **Fique curioso**: Cultive uma mentalidade de curiosidade e abertura. Esteja disposto a explorar novos tópicos e sair da sua zona de conforto. A curiosidade impulsiona o aprendizado e mantém o processo emocionante.

5.   **Aproveite a tecnologia**: Utilize a tecnologia para acessar recursos de aprendizagem. Cursos online, aplicativos educacionais e bibliotecas virtuais podem fornecer uma vasta gama de informações e ferramentas para apoiar seus objetivos de aprendizagem.

6.   **Junte-se a comunidades de aprendizagem**: Envolva-se com comunidades de alunos que compartilham seus interesses. Fóruns online, grupos de mídia social e clubes locais podem fornecer apoio, incentivo e oportunidades de discussão e colaboração.

7.   **Reflita e ajuste**: Reflita periodicamente sobre suas experiências de aprendizagem e ajuste

seus objetivos e métodos conforme necessário. A flexibilidade permite que você adapte sua jornada de aprendizagem para atender aos seus interesses e necessidades em evolução.

Capítulo 20

Segredo 20: Retribuir à Comunidade

O voluntariado e o envolvimento em serviços comunitários durante a aposentadoria podem ser incrivelmente gratificantes. Proporciona um senso de propósito, constrói conexões sociais e aumenta significativamente sua felicidade geral.

Oportunidades de voluntariado

1.   **Instituições de caridade e organizações sem fins lucrativos locais**: Muitas instituições de caridade locais e organizações sem fins lucrativos estão sempre precisando de voluntários. Quer seja ajudando num banco de alimentos, num abrigo de animais ou num centro comunitário,

existem inúmeras formas de se envolver e fazer a diferença.

2. **Instituições educacionais**: Escolas e programas educacionais muitas vezes procuram voluntários para ajudar com aulas particulares, mentoria e tarefas administrativas. Compartilhar seu conhecimento e experiência com os alunos pode ser extremamente gratificante.

3. **Instalações de saúde**: Hospitais, clínicas e lares de idosos costumam ter programas de voluntariado. Os voluntários podem fornecer companhia aos pacientes, auxiliar nas atividades ou ajudar no trabalho administrativo.

4. **Organizações Ambientais**: Se você é apaixonado pelo meio ambiente, considere ser voluntário em organizações dedicadas à conservação, esforços de limpeza e projetos de sustentabilidade. As atividades podem incluir plantar árvores, limpar praias ou participar na conservação da vida selvagem.

5. **Organizações Religiosas e Espirituais**: Muitas instituições religiosas têm programas de extensão que dependem de voluntários. Esses programas geralmente incluem divulgação

comunitária, serviços de apoio e planejamento de eventos.

6. **Eventos comunitários**: O voluntariado em eventos locais, como festivais, feiras e corridas de caridade, é uma ótima maneira de conhecer novas pessoas e contribuir para a vitalidade da sua comunidade.

7. **Voluntariado On-line**: Se a mobilidade for um problema ou se você preferir oportunidades remotas, muitas organizações oferecem funções de voluntariado virtual. Isso pode incluir aulas particulares, suporte administrativo, gerenciamento de mídia social ou fornecimento de companhia por meio de chamadas telefônicas ou chats de vídeo.

8. **Programas Juvenis**: O voluntariado em organizações juvenis como escoteiros, escoteiras ou equipes esportivas locais permite orientar e influenciar positivamente a geração mais jovem.

9. **Artes e Cultura**: Museus, teatros e organizações culturais muitas vezes precisam de voluntários para ajudar em passeios, eventos e tarefas administrativas. Esta é uma ótima maneira de apoiar as artes e se envolver com a herança cultural da sua comunidade.

10. **Grupos Políticos e de Defesa**: Se você é apaixonado por uma causa específica, considere ser voluntário em campanhas políticas ou grupos de defesa. Isso pode envolver a organização de eventos, angariação de informações ou fornecimento de suporte administrativo.

Impacto do serviço comunitário na felicidade

1. **Sentido de Propósito**: O voluntariado proporciona um senso de propósito e realização. Saber que seus esforços estão fazendo a diferença na vida de outras pessoas pode trazer imensa satisfação e significado à sua vida.

2. **Conexões Sociais**: O serviço comunitário oferece oportunidades para conhecer novas pessoas e construir relacionamentos significativos. O voluntariado com outras pessoas promove um sentimento de camaradagem e pertencimento, reduzindo sentimentos de isolamento e solidão.

3. **Maior felicidade**: Estudos demonstraram que o voluntariado pode aumentar a felicidade e a

satisfação com a vida. Ajudar os outros libera endorfinas, também conhecidas como "euforia do ajudante", que podem melhorar seu humor e bem-estar geral.

4. **Autoestima aprimorada**: Contribuir para a comunidade e receber apreço e gratidão pode aumentar a sua auto-estima e confiança. Isso reforça seu senso de valor e capacidade.

5. **Redução do estresse**: Participar de trabalho voluntário pode ser uma ótima maneira de reduzir o estresse. O ato de retribuir e focar nos outros ajuda a mudar sua perspectiva e pode proporcionar uma pausa em suas próprias preocupações e preocupações.

6. **Aprendizagem e Crescimento**: O voluntariado expõe você a novas experiências e desafios, promovendo aprendizado contínuo e crescimento pessoal. Também pode fornecer oportunidades para desenvolver novas habilidades e descobrir novos interesses.

7. **Benefícios para a saúde física**: Muitas atividades voluntárias envolvem tarefas físicas que podem ajudá-lo a permanecer ativo. Além disso, os benefícios do voluntariado para a saúde mental, como a redução do stress e o aumento da

felicidade, podem contribuir para uma melhor saúde geral.

8.   **Melhoria da Comunidade**: Ao ser voluntário, você desempenha um papel direto na melhoria da sua comunidade. Isso pode criar um ambiente mais positivo e de apoio para todos, inclusive para você.

9.   **Edifício legado**: O voluntariado permite que você deixe um impacto duradouro em sua comunidade. Seja através do serviço direto ou da orientação de outras pessoas, as suas contribuições podem ter um efeito cascata, inspirando as gerações futuras a retribuir também.

10.   **Perspectivas Expandidas**: O serviço comunitário expõe você a diferentes perspectivas e experiências de vida. Isso pode promover a empatia, a compaixão e uma compreensão mais profunda das diversas necessidades da sua comunidade.

Dicas adicionais para voluntariado

1.   **Escolha o que ressoa**: Selecione oportunidades de voluntariado que se alinhem com suas paixões e interesses. Quando você se

preocupa profundamente com a causa, a experiência será mais significativa e agradável.

2. **Comece pequeno**: Se você é novo no voluntariado, comece com pequenos compromissos e gradualmente assuma mais à medida que se sentir confortável. Isso evita o desgaste e permite que você encontre o ajuste certo.

3. **Ser consistente**: O voluntariado regular, mesmo em pequenas quantidades, pode ter mais impacto do que esforços esporádicos. A consistência ajuda a construir relacionamentos mais fortes e garante que suas contribuições tenham um efeito duradouro.

4. **Traga amigos ou familiares**: O voluntariado pode ser uma atividade maravilhosa para compartilhar com amigos ou familiares. Fortalece vínculos e torna a experiência mais agradável.

5. **Mantenha-se flexível**: Esteja aberto a diferentes tipos de trabalho voluntário. Às vezes, as oportunidades mais gratificantes são aquelas que você não considerou inicialmente.

6. **Reflita sobre suas experiências**: Reserve um tempo para refletir sobre suas experiências como voluntário e como elas impactaram você. Isso pode aprofundar seu sentimento de realização e ajudá-lo a identificar os aspectos mais gratificantes de retribuir.

Parte 5:

Crescimento e Realização Pessoal

Capítulo 21

Segredo 21: Praticando a Gratidão

Abraçar a gratidão em sua vida diária pode impactar profundamente seu bem-estar e sua perspectiva geral durante a aposentadoria. A gratidão melhora sua saúde mental, promove a positividade e pode até melhorar sua saúde física. Esta seção explora a importância da gratidão e fornece conselhos práticos sobre como manter um diário de gratidão.

Importância da Gratidão

1. **Melhora a saúde mental**: Foi demonstrado que praticar a gratidão reduz os sintomas de depressão e ansiedade. Concentrar-se nos aspectos positivos da sua vida ajuda a mudar a sua perspectiva do que falta para o que é

abundante, promovendo uma mentalidade mais otimista.

2. **Aumenta a felicidade**: Expressar gratidão regularmente pode aumentar significativamente sua felicidade geral. Reconhecer e valorizar as coisas boas da sua vida cria emoções positivas, fazendo você se sentir mais contente e realizado.

3. **Melhora os relacionamentos**: Expressar gratidão aos outros fortalece os relacionamentos. Reconhecer a bondade e o apoio de amigos e familiares promove conexões mais profundas e incentiva um ambiente de apoio e amor.

4. **Aumenta a resiliência**: A gratidão ajuda a construir resiliência emocional. Ao focar nos aspectos positivos da vida, você fica mais bem equipado para lidar com desafios e contratempos, mantendo um senso de esperança e determinação.

5. **Melhora a saúde física**: Estudos mostram que pessoas gratas tendem a ter melhor saúde física. Praticar a gratidão pode levar a um sono melhor, redução da pressão arterial e um sistema imunológico mais forte, contribuindo para o bem-estar geral.

6.   **Reduz o estresse**: Concentrar-se naquilo pelo que você é grato pode reduzir os níveis de estresse. A gratidão desvia seu foco das preocupações e pensamentos negativos, promovendo um estado de espírito mais relaxado e pacífico.

7.   **Aumenta a autoestima**: Reconhecer suas próprias conquistas e os aspectos positivos de sua vida pode aumentar sua autoestima. A gratidão ajuda você a valorizar seu valor e o valor que você traz ao mundo.

Mantendo um diário de gratidão

1.   **Escolha um diário**: selecione um diário que você considere visualmente atraente e confortável para escrever. Pode ser um simples caderno, um diário sofisticado ou até mesmo um aplicativo digital projetado para registrar um diário.

2.   **Defina um horário regular**: Estabeleça uma rotina para escrever em seu diário de gratidão. Pode ser pela manhã, para começar o dia de forma positiva, ou à noite, para refletir

sobre os acontecimentos do dia. Consistência é a chave para tornar isso um hábito.

3. **Comece com três coisas**: Comece escrevendo três coisas pelas quais você é grato todos os dias. Podem ser pequenos ou significativos, desde uma refeição deliciosa até uma conversa significativa ou um lindo pôr do sol.

4. **Seja específico**: Ao listar as coisas pelas quais você é grato, seja o mais específico possível. Em vez de escrever "Sou grato pela minha família", você poderia escrever: "Sou grato pela divertida noite de jogos que tive com minha família". Detalhes específicos tornam a gratidão mais tangível e significativa.

5. **Reflita sobre experiências positivas**: Use seu diário para refletir sobre experiências positivas e momentos de alegria. Reviver esses momentos através da escrita pode aumentar o seu sentimento de gratidão e prolongar os sentimentos positivos a eles associados.

6. **Expresse gratidão pelos desafios**: Tente encontrar aspectos pelos quais ser grato, mesmo em situações desafiadoras. Podem ser lições aprendidas, crescimento pessoal ou o apoio que

você recebeu em tempos difíceis. A gratidão na adversidade cria resiliência e perspectiva.

7.   **Incluir pessoas**: Reconheça as pessoas que trazem alegria e apoio à sua vida. Expressar gratidão pela presença e pelas ações deles fortalece seus relacionamentos e promove um sentimento de conexão.

8.   **Escreva cartas de gratidão**: Ocasionalmente, escreva uma carta de gratidão a alguém que teve um impacto positivo em sua vida. Mesmo que você não envie, o ato de escrever pode aprofundar seus sentimentos de agradecimento.

9.   **Mantenha-se positivo e honesto**: Concentre-se em expressões positivas e genuínas de gratidão. Evite se forçar a escrever coisas pelas quais você não se sente verdadeiramente grato, pois a autenticidade é crucial para que a prática seja eficaz.

10.   **Revise suas entradas**: Revise periodicamente suas entradas anteriores. Essa prática pode lembrá-lo de muitas coisas boas da sua vida, reforçando sentimentos positivos e ajudando você a manter uma mentalidade de gratidão.

Dicas adicionais para praticar a gratidão

1.   **Compartilhe sua gratidão**: Compartilhe o que você é grato com outras pessoas. Isso pode ser feito durante conversas, em notas de agradecimento ou através das redes sociais. Compartilhar gratidão espalha positividade e pode inspirar outras pessoas a praticarem a gratidão também.

2.   **Atenção plena e meditação**: Incorpore práticas de atenção plena e meditação focadas na gratidão. Reservar alguns momentos todos os dias para meditar sobre as coisas pelas quais você é grato pode aumentar seu senso geral de apreciação.

3.   **Jarra de Gratidão**: Crie um jarro de gratidão onde você e seus familiares possam adicionar notas de coisas pelas quais são gratos. Ler essas notas juntos pode ser uma experiência reconfortante e de união.

4.   **Afirmações Diárias**: Comece o dia com afirmações positivas que incluem expressões de gratidão. As afirmações dão um tom positivo

para o dia e reforçam uma mentalidade de gratidão.

5. **Lembretes visuais**: coloque lembretes visuais de coisas pelas quais você é grato em sua casa. Fotos, citações ou lembranças podem servir como estímulos constantes para focar nos aspectos positivos de sua vida.

Capítulo 22

Segredo 22: Abraçando a Mudança e a Adaptabilidade

A aposentadoria traz mudanças significativas em sua vida, e sua capacidade de aceitar essas mudanças e permanecer adaptável é crucial para manter a felicidade e a realização. Aprender a lidar com as mudanças na vida e manter-se flexível e de mente aberta pode melhorar o seu bem-estar geral e tornar os seus anos de reforma mais gratificantes. Esta seção explora estratégias para lidar com as mudanças na vida e a importância de manter uma atitude flexível e de mente aberta.

Lidando com mudanças na vida

1. **Aceitando a mudança como uma parte natural da vida**: A mudança é inevitável e uma parte natural da vida. Reconhecer e aceitar isso pode ajudá-lo a abordar as mudanças com uma mentalidade positiva. Ver a mudança como uma oportunidade de crescimento, em vez de uma disrupção, pode transformar sua experiência.

2. **Gerenciando Expectativas**: A aposentadoria muitas vezes traz mudanças nas

rotinas diárias, nos círculos sociais e na identidade pessoal. Gerenciar suas expectativas e ser realista sobre as mudanças que você enfrentará pode ajudá-lo a navegar nessa transição com mais tranquilidade.

3. **Procurando suporte**: Não hesite em buscar o apoio de amigos, familiares ou conselheiros profissionais. Falar sobre seus sentimentos e experiências pode proporcionar conforto e perspectiva, facilitando a adaptação a novas circunstâncias.

4. **Permanecendo conectado**: Manter conexões sociais fortes é vital em tempos de mudança. Mantenha contato com velhos amigos e faça um esforço para construir novos relacionamentos. Uma rede de apoio robusta pode proporcionar estabilidade e encorajamento.

5. **Focando no autocuidado**: Priorize o autocuidado para manter sua saúde física e mental. Exercite-se regularmente, alimente-se bem, durma o suficiente e participe de atividades que lhe tragam alegria e relaxamento. Cuidar de si mesmo ajuda você a permanecer resiliente diante das mudanças.

6.   **Desenvolvendo uma rotina**: Estabelecer uma nova rotina diária pode proporcionar uma sensação de estrutura e propósito. Embora seja importante permanecer flexível, ter alguma consistência em seus dias pode ajudá-lo a se sentir mais fundamentado durante as transições.

7.   **Definindo novas metas**: A aposentadoria é um excelente momento para definir novas metas e perseguir interesses que você sempre quis explorar. Definir metas dá a você um senso de direção e motivação, ajudando você a se adaptar ao seu novo estilo de vida.

8.   **Aprendendo novas habilidades**: Aproveite a oportunidade de aprender novas habilidades ou hobbies. Seja praticando um novo esporte, aprendendo um idioma ou dominando um ofício, adquirir novas habilidades mantém sua mente engajada e adaptável.

9.   **Praticando Paciência**: Ajustar-se a mudanças significativas leva tempo. Seja paciente consigo mesmo enquanto navega nesta nova fase da vida. Permita-se adaptar-se gradativamente e encontrar seu novo ritmo.

Permanecendo flexível e de mente aberta

1. **Adotando uma mentalidade de crescimento**: Uma mentalidade construtiva, a crença de que você pode aprender e crescer ao longo da vida, é crucial para a adaptabilidade. Abrace os desafios como oportunidades para aprender e desenvolver novos pontos fortes.

2. **Estar aberto a novas experiências**: Tente ficar aberto a novas experiências e oportunidades. Seja viajando para um novo destino, experimentando uma nova atividade ou conhecendo novas pessoas, ter a mente aberta enriquece a sua vida e aumenta a sua adaptabilidade.

3. **Praticando atenção plena**: As práticas de atenção plena, como meditação e respiração profunda, podem ajudá-lo a permanecer presente e com os pés no chão. Essas práticas melhoram sua capacidade de gerenciar o estresse e de se adaptar às mudanças com uma abordagem calma e centrada.

4. **Permanecendo Positivo**: Mantenha uma atitude positiva em relação à mudança. Concentre-se nos benefícios potenciais e nas novas oportunidades que as mudanças podem

trazer. A positividade torna mais fácil navegar nas transições e encontrar alegria em novas experiências.

5. **Buscando Aprendizagem Contínua**: Comprometa-se com a aprendizagem ao longo da vida. Fique curioso e busque conhecimento em diversas áreas. O aprendizado contínuo mantém sua mente afiada e flexível, permitindo que você se adapte mais facilmente a novas situações.

6. **Sendo engenhoso**: Cultive a desenvoltura encontrando soluções criativas para desafios. A desenvoltura envolve o uso de suas habilidades e conhecimentos para navegar com eficácia em novas circunstâncias.

7. **Deixando o passado para trás**: Embora seja importante valorizar suas memórias, o apego ao passado pode prejudicar sua capacidade de abraçar o presente e o futuro. Pratique abandonar o que não lhe serve mais e concentre-se na criação de experiências novas e gratificantes.

8. **Adaptando seus planos**: Esteja disposto a ajustar seus planos conforme necessário. A vida é imprevisível e a flexibilidade permite que você se adapte a mudanças imprevistas sem se sentir sobrecarregado.

9. **Cultivando a resiliência**: Construir resiliência através do desenvolvimento de estratégias de sobrevivência e de uma forte rede de apoio. A resiliência ajuda você a se recuperar de contratempos e a manter uma perspectiva positiva em tempos difíceis.

Capítulo 23

Segredo 23: Simplificando Sua Vida

Simplificar sua vida durante a aposentadoria pode levar a uma maior paz de espírito, maior felicidade e um foco mais forte no que realmente importa. Organizar e reduzir o tamanho do seu espaço e estilo de vida pode ajudar a eliminar o estresse desnecessário e criar um ambiente mais gerenciável e gratificante.

Organização e redução de tamanho

1. **Benefícios da organização**:

   ○ **Reduz o estresse**: Um ambiente desordenado pode contribuir para o estresse e a ansiedade. A organização ajuda a criar um espaço mais organizado e sereno, promovendo relaxamento e clareza mental.

- ○ **Aumenta a eficiência**: Quando seus pertences estão bem organizados, fica mais fácil encontrar o que você precisa, economizando tempo e diminuindo a frustração.
- ○ **Melhora o bem-estar**: Um ambiente limpo e arrumado pode melhorar o seu humor e bem-estar geral. Viver em um espaço organizado permite que você se sinta mais no controle e em paz.

2. **Passos para organizar**:

- ○ **Comece pequeno**: comece com um cômodo ou área de cada vez. Tentar organizar toda a sua casa de uma vez pode ser cansativo. Comece com um espaço pequeno e gerenciável, como um armário ou gaveta.
- ○ **Classificar itens**: Classifique seus pertences em categorias: guarde, doe, venda e descarte. Seja honesto consigo mesmo sobre o que você realmente precisa e usa.
- ○ **Deixe de lado os itens sentimentais**: Embora seja importante valorizar as memórias, apegar-se a muitos itens

sentimentais pode causar confusão. Selecione algumas peças significativas para guardar e considere tirar fotos do resto para preservar as memórias sem a desordem física.

- **Crie um sistema**: Desenvolva um sistema organizacional que funcione para você. Use caixas de armazenamento, prateleiras e etiquetas para manter os itens em ordem e facilmente acessíveis.

3. **Benefícios do downsizing**:

- **Poupança Financeira**: A redução para uma casa menor pode reduzir significativamente despesas como pagamentos de hipotecas, impostos sobre a propriedade, serviços públicos e custos de manutenção.

- **Manutenção mais fácil**: Uma casa menor é mais fácil de limpar e manter, permitindo que você gaste menos tempo em tarefas domésticas e mais tempo em atividades que você gosta.

- **Mais mobilidade**: A redução do tamanho pode facilitar a mudança ou a viagem. Com menos pertences e uma casa menor, mudar de local ou fazer viagens prolongadas torna-se mais fácil.

4. **Passos para reduzir o tamanho**:

- ○ **Avalie suas necessidades**: Considere suas necessidades atuais e futuras ao decidir o tamanho e o tipo de casa que deseja. Pense em fatores como mobilidade, proximidade com a família e comodidades e na quantidade de espaço que você realmente precisa.
- ○ **Planeje a mudança**: depois de decidir reduzir o tamanho, crie um plano para a mudança. Determine quais itens caberão em seu novo espaço e o que você pode vender, doar ou descartar.
- ○ **Organize uma venda**: Vender itens indesejados pode fornecer fundos extras para sua mudança. Organize uma venda de garagem ou use plataformas online para vender móveis, eletrodomésticos e outros itens de que não precisa mais.
- ○ **Abrace o minimalismo**: Adote uma mentalidade minimalista, concentrando-se em possuir menos itens de alta qualidade que sirvam a um propósito ou lhe tragam alegria. Essa abordagem pode ajudá-lo a manter um estilo de vida mais simples e descomplicado em sua nova casa.

Focando no que realmente importa

1. **Identifique suas prioridades**:

    ○ **Refletir sobre Valores**: Reserve um
    tempo para refletir sobre seus valores
    fundamentais e o que realmente importa
    para você. Isso pode incluir
    relacionamentos, saúde, crescimento
    pessoal e hobbies. Conhecer seus valores
    ajuda você a priorizar atividades e
    compromissos que se alinhem com seu
    verdadeiro eu.

    ○ **Definir metas**: Estabeleça metas claras
    com base em seus valores. Essas metas
    podem orientar suas ações e decisões
    diárias, garantindo que você se concentre
    no que lhe traz realização e alegria.

2. **Simplifique os compromissos**:

    ○ **Avalie as obrigações**: Avalie seus
    compromissos atuais e determine quais
    são essenciais e quais podem ser
    abandonados. Simplificar sua agenda
    permite que você dedique mais tempo e

energia às atividades e pessoas que mais importam.

- ○ **Aprenda a dizer não**: Pratique dizer não a compromissos e atividades que não estejam alinhados com suas prioridades. Isso permite que você proteja seu tempo e se concentre no que realmente importa.

3. **Vida Consciente**:

- ○ **Pratique a atenção plena**: Pratique práticas de atenção plena, como meditação, respiração profunda e caminhada consciente. Essas práticas ajudam você a se manter presente e valorizar cada momento plenamente, reduzindo o estresse e aumentando a satisfação.
- ○ **Limitar distrações**: Reduza distrações, como tempo excessivo de tela e mídias sociais. Crie espaços e momentos intencionais para relaxamento, criatividade e conexão com entes queridos.

4. **Cultive relacionamentos**:

- ○ **Tempo de qualidade**: Priorize passar bons momentos com a família e amigos.

Conexões significativas e experiências compartilhadas enriquecem sua vida e fornecem apoio emocional.

- **Expressar gratidão**: Expresse regularmente gratidão pelas pessoas e experiências que lhe trazem alegria. Isso fortalece relacionamentos e promove uma perspectiva positiva.

5. **Envolva-se em atividades gratificantes**:

- **Perseguir paixões**: Dedique tempo a atividades pelas quais você é apaixonado e que lhe trazem alegria. Quer seja um hobby, trabalho voluntário ou aprender algo novo, envolver-se em atividades gratificantes aumenta a sua felicidade geral.
- **Equilibre lazer e produtividade**: Encontre um equilíbrio entre atividades de lazer e atividades produtivas. Ambos são importantes para uma vida plena e completa.

Simplificar sua vida por meio da organização, redução do tamanho e foco no que realmente importa pode levar a maior paz, felicidade e realização na aposentadoria.

Abrace a jornada de simplificar sua vida e aproveite os profundos benefícios que ela traz para o seu bem-estar geral.

Capítulo 24

Segredo 24: Buscando saídas criativas

Envolver-se em atividades criativas é uma forma poderosa de enriquecer seus anos de aposentadoria. Meios criativos, como artes e ofícios, música e escrita, podem trazer imensa alegria, estimular sua mente e proporcionar uma sensação de realização. Esta seção explora os benefícios de buscar saídas criativas e oferece orientação sobre como se envolver em artes e ofícios, explorar a música e se dedicar à escrita.

Envolvendo-se em artes e ofícios

1. **Benefícios das artes e ofícios**:

   - **Alívio de estresse**: Praticar artes e ofícios pode ser uma atividade terapêutica, reduzindo o estresse e promovendo relaxamento. Os movimentos repetitivos e o foco necessários podem ajudar a acalmar a mente e proporcionar uma sensação de paz.
   - **Criatividade aprimorada**: Participar de projetos criativos estimula sua

imaginação e incentiva você a pensar fora da caixa. Isso pode levar a novas ideias e soluções inovadoras em outras áreas da sua vida.

- o **Habilidades motoras aprimoradas**: Trabalhar com as mãos em projetos como pintura, tricô ou marcenaria pode melhorar as habilidades motoras finas e a coordenação olho-mão.

- o **Sensação de dever cumprido**: Concluir um projeto de artesanato proporciona uma sensação tangível de realização e orgulho pelo seu trabalho.

2. **Como começar**:

- o **Escolha o seu meio**: Identifique os tipos de artes e ofícios que lhe interessam. Isso pode incluir pintura, desenho, tricô, crochê, marcenaria, cerâmica ou fabricação de joias. Comece com um meio e explore outros à medida que ganha confiança.

- o **Reúna suprimentos**: Invista nos suprimentos necessários para o artesanato escolhido. Muitos hobbies exigem apenas materiais básicos para começar, e você pode expandir sua coleção à medida que avança.

- Ter aulas: Participe de uma aula local ou online para aprender novas técnicas e conectar-se com outros entusiastas. As aulas oferecem estrutura, orientação e inspiração.
- **Crie um espaço dedicado**: crie um espaço em sua casa onde você possa trabalhar em seus projetos sem interrupções. Um espaço criativo dedicado ajuda você a se manter organizado e focado.
- **Aproveite o processo**: Concentre-se na alegria de criar em vez de buscar a perfeição. Abrace o processo de aprendizagem e permita-se cometer erros e aprender com eles.

Explorando Música

1. **Benefícios da Música**:

- **Expressão emocional**: A música permite que você expresse emoções e se conecte com outras pessoas em um nível emocional profundo. Esteja você tocando um instrumento, cantando ou ouvindo música, pode ser uma poderosa válvula de escape para sentimentos e experiências.

○ **Estimulação Cognitiva**: Aprender a tocar um instrumento ou ler música estimula o cérebro, melhorando a memória, a concentração e as habilidades cognitivas.

○ **Interação social**: Participar de grupos musicais ou assistir a concertos oferece oportunidades de conhecer novas pessoas e construir conexões sociais.

○ **Benefícios físicos**: Tocar um instrumento pode melhorar a coordenação e as habilidades motoras finas. Cantar pode melhorar a respiração e a capacidade pulmonar.

2.   **Como começar**:

○ **Escolha o seu instrumento**: decida qual instrumento você gostaria de aprender ou continuar tocando. Considere seus interesses, capacidades físicas e orçamento. As escolhas comuns incluem piano, violão, violino, flauta ou voz.

○ **Ter aulas**: inscreva-se em aulas com um instrutor qualificado para receber orientação e feedback personalizados. Tutoriais e aplicativos online também podem ser recursos valiosos para aprender no seu próprio ritmo.

- Pratique regularmente: Dedique tempo regular para praticar. A prática consistente é essencial para melhorar e construir a memória muscular.
- **Junte-se a um grupo**: Procure grupos musicais, corais e bandas locais para participar. Brincar com outras pessoas aprimora suas habilidades e proporciona um senso de comunidade.
- **Explore diferentes gêneros**: Ouça e toque uma variedade de gêneros musicais. Explorar diferentes estilos amplia seus horizontes musicais e mantém suas sessões de prática interessantes.

Entregando-se à escrita

1. **Benefícios da escrita**:

- **Autoexpressão**: Escrever fornece uma plataforma para expressar seus pensamentos, sentimentos e experiências. Pode ser profundamente terapêutico e ajudá-lo a processar emoções.
- **Estímulo mental**: Escrever envolve seu cérebro, melhorando funções cognitivas como memória, pensamento crítico e criatividade.

- **Crescimento pessoal**: A escrita reflexiva, como o diário, incentiva a autoconsciência e o crescimento pessoal. Ajuda você a obter insights sobre seus pensamentos e comportamentos.
- **Edifício legado**: Escrever permite documentar sua história de vida, experiências e sabedoria, criando um legado para as gerações futuras.

2. **Como começar**:

- **Escolha o seu formato**: Decida o tipo de escrita que lhe interessa. As opções incluem diário, poesia, contos, memórias, ensaios ou até mesmo blogs. Cada formato oferece oportunidades únicas de auto expressão e criatividade.
- **Definir metas de redação**: Estabeleça metas claras de redação para se manter motivado e focado. Pode ser uma contagem diária de palavras, uma postagem semanal no blog ou a conclusão de um capítulo de seu livro de memórias.
- **Crie uma rotina de escrita**: Designe um horário específico a cada dia ou semana para escrever. A consistência ajuda a criar o hábito de escrever e aprimora suas habilidades ao longo do tempo.

- ○ **Junte-se a um grupo de redação**: Conecte-se com outros escritores por meio de grupos de redação locais ou online. Compartilhar seu trabalho e receber feedback pode fornecer inspiração, apoio e novas perspectivas.
- ○ **Busque inspiração**: inspire-se em suas próprias experiências, natureza, livros ou outras formas de arte. Mantenha um caderno à mão para anotar ideias e observações.

Buscar meios criativos, como artes e ofícios, música e escrita, pode melhorar significativamente sua experiência de aposentadoria. Essas atividades proporcionam expressão emocional, estimulação cognitiva e uma sensação de realização. Ao se envolver em projetos criativos, você pode reduzir o estresse, melhorar a saúde física e mental e promover conexões sociais.

Capítulo 25

Segredo 25: Fortalecendo a Espiritualidade

Fortalecer sua espiritualidade durante a aposentadoria pode aprofundar seu senso de propósito, proporcionar paz interior e nutrir seu bem-estar geral. Explorar práticas espirituais e encontrar a paz interior são aspectos essenciais desta jornada.

Explorando Práticas Espirituais

1. **Benefícios da Espiritualidade**:

    o **Sentido de Propósito**: As práticas espirituais podem proporcionar clareza sobre o propósito e o significado da vida, ajudando você a navegar pelas transições e desafios com maior resiliência.

    o **Paz interior**: O envolvimento em atividades espirituais como meditação, oração ou reflexão pode promover uma sensação de calma e tranquilidade, reduzindo o estresse e a ansiedade.

    o **Conexão com outros**: Muitas tradições espirituais enfatizam a comunidade e a conexão. O envolvimento em práticas espirituais pode promover relacionamentos significativos e um sentimento de pertencimento.

- ○ **Crescimento pessoal**: A espiritualidade incentiva a autorreflexão e o crescimento pessoal, permitindo que você explore seus valores, crenças e identidade.

2.   **Como explorar práticas espirituais**:

- ○ **Reflita sobre as crenças**: Reserve um tempo para refletir sobre suas crenças e valores. Considere o que a espiritualidade significa para você e como você pode incorporá-la em sua vida diária.
- ○ **Pratique Meditação**: A meditação é uma ferramenta poderosa para cultivar a atenção plena e aprofundar sua conexão espiritual. Encontre um espaço tranquilo, sente-se confortavelmente e concentre-se na respiração ou em um mantra.
- ○ **Envolva-se em oração**: Se a oração faz parte da sua tradição espiritual, reserve um tempo todos os dias para orar e conectar-se com suas crenças.
- ○ **Participar de serviços ou reuniões**: Participe de serviços religiosos, retiros espirituais ou reuniões comunitárias.

Esses eventos oferecem oportunidades de aprendizagem, reflexão e conexão com outras pessoas que compartilham crenças semelhantes.

○ **Explorar a natureza**: Passar um tempo na natureza pode ser uma experiência espiritual. Faça caminhadas em ambientes naturais, pratique a atenção plena e aprecie a beleza e a serenidade do ambiente.

Encontrando a paz interior

1. **Práticas para a paz interior**:

○ **Atenção plena**: Pratique técnicas de mindfulness para se manter presente e focado no momento atual. A atenção plena ajuda a reduzir o estresse e promove uma sensação de calma interior.

○ **Ioga**: Pratique práticas suaves de ioga para melhorar a flexibilidade, o equilíbrio e a clareza mental. O Yoga combina o movimento físico com a consciência da respiração, promovendo relaxamento e paz.

○ **Registro no diário**: Mantenha um diário espiritual para registrar seus pensamentos, sentimentos e percepções. Reflita sobre suas experiências, desafios e momentos de gratidão.

- ○ **Prática de Gratidão**: Cultive uma prática diária de gratidão para apreciar as bênçãos em sua vida. Reconheça e expresse gratidão por relacionamentos, experiências e alegrias simples.
- ○ **Trabalho voluntário**: Participar de atividades voluntárias alinhadas aos seus valores pode proporcionar um senso de propósito e realização, contribuindo para a paz interior.

2. **Criando um Espaço Sagrado**:

- ○ **Designe um espaço silencioso**: Crie um espaço dedicado em sua casa onde você possa praticar meditação, oração ou reflexão sem distrações.
- ○ **Decore com atenção**: Decore seu espaço sagrado com itens que inspiram e elevam você, como velas, incenso, símbolos sagrados ou obras de arte significativas.
- ○ **Definir intenções**: Use seu espaço sagrado para definir intenções de crescimento pessoal, cura ou conexão com suas crenças espirituais.

Fortalecer sua espiritualidade durante a aposentadoria pode melhorar seu bem-estar geral e proporcionar uma sensação mais profunda de realização e paz. Ao explorar práticas espirituais como meditação, oração e reflexão, e ao cultivar a paz interior através da atenção plena, da gratidão e da conexão com a natureza, você pode enriquecer sua jornada espiritual. Abrace a espiritualidade como um caminho para o crescimento pessoal, clareza de propósito e uma conexão profunda consigo mesmo e com os outros durante esta fase significativa da vida.

Parte 6: Garantindo a Felicidade a Longo Prazo

Capítulo 26

Segredo 26: Manter uma atitude positiva

Uma atitude positiva é uma ferramenta poderosa que pode aumentar significativamente a sua felicidade e bem-estar geral durante a aposentadoria. O poder do pensamento positivo e a capacidade de superar pensamentos negativos são cruciais para garantir a felicidade a longo prazo. Esta seção explora os benefícios de manter uma atitude positiva e oferece estratégias para cultivar a positividade e gerenciar a negatividade.

Poder do pensamento positivo

1. **Benefícios do pensamento positivo**:

   - **Saúde melhorada**: O pensamento positivo pode estimular o sistema imunológico, diminuir os níveis de estresse e reduzir o risco de doenças crônicas. Promove a saúde física geral e a longevidade.
   - **Bem-estar aprimorado**: Uma perspectiva positiva melhora o seu

bem-estar mental e emocional, aumentando a felicidade, a satisfação e a resiliência.

- **Melhores relacionamentos**: Indivíduos positivos tendem a atrair e manter relacionamentos mais saudáveis. O otimismo promove empatia, gentileza e comunicação eficaz.
- **Maior motivação**: O pensamento positivo aumenta a motivação e o impulso, ajudando você a perseguir objetivos, abraçar desafios e manter uma abordagem proativa da vida.

2. **Como cultivar o pensamento positivo**:

- **Pratique a gratidão**: Reconheça e aprecie regularmente as coisas boas da sua vida. Mantenha um diário de gratidão e anote três coisas pelas quais você é grato todos os dias.
- **Cerque-se de positividade**: Passe tempo com pessoas positivas e solidárias que o elevam e inspiram. Limite a exposição a influências e ambientes negativos.
- **Foco em soluções**: Ao enfrentar desafios, concentre-se em encontrar soluções em vez de insistir nos problemas. Esta

abordagem proativa incentiva o otimismo e a resiliência.

- ○ **Comemore pequenas vitórias**: Reconheça e comemore suas conquistas, não importa quão pequenas sejam. Reconhecer o progresso reforça uma mentalidade positiva.
- ○ **Envolva-se em uma conversa interna positiva**: Substitua a conversa interna negativa por afirmações e declarações encorajadoras. Lembre-se de seus pontos fortes, conquistas e potencial.

Superando pensamentos negativos

1. **Compreendendo os pensamentos negativos**:

- ○ **Identificar gatilhos**: Reconheça situações, pessoas ou eventos que desencadeiam pensamentos negativos. Compreender seus gatilhos ajuda você a antecipá-los e gerenciá-los de maneira eficaz.
- ○ **Reconheça as emoções**: Permita-se sentir e reconhecer emoções negativas sem julgamento. Suprimir emoções pode levar a maior estresse e ansiedade.

2. **Estratégias para superar pensamentos negativos**:

- ○ **Desafie pensamentos negativos**: Questione a validade dos pensamentos negativos. Pergunte a si mesmo se eles são baseados em fatos ou suposições. Substitua pensamentos irracionais por perspectivas equilibradas e realistas.
- ○ **Pratique a atenção plena**: Pratique práticas de atenção plena para permanecer presente e consciente de seus pensamentos e emoções. A atenção plena ajuda você a observar pensamentos negativos sem se deixar levar por eles.
- ○ **Use técnicas cognitivo-comportamentais**: Aplicar técnicas cognitivo-comportamentais para reformular pensamentos negativos. Substitua-os por alternativas positivas e construtivas.
- ○ **Limite as influências negativas**: Reduza a exposição a notícias negativas, mídias sociais e pessoas que consistentemente trazem negatividade para sua vida.
- ○ **Envolva-se em técnicas de relaxamento**: Pratique técnicas de relaxamento, como respiração profunda, meditação ou ioga,

para acalmar sua mente e reduzir o impacto de pensamentos negativos.

3. **Construindo Resiliência**:

- ○ **Desenvolva uma rede de apoio**: Construa uma forte rede de apoio de familiares, amigos e mentores que possam fornecer incentivo e perspectiva em tempos difíceis.
- ○ **Defina expectativas realistas**: Estabeleça expectativas realistas para você e para os outros. Aceite que os contratempos e desafios fazem parte da vida e veja-os como oportunidades de crescimento.
- ○ **Concentre-se nos pontos fortes**: Concentre-se em seus pontos fortes e conquistas, em vez de insistir em fraquezas e fracassos. Enfatize suas capacidades e potencial.

Manter uma atitude positiva é essencial para garantir a felicidade a longo prazo durante a reforma. O poder do pensamento positivo pode melhorar sua saúde, bem-estar, relacionamentos e motivação. Ao praticar a gratidão, cercar-se de positividade e focar em soluções, você pode cultivar uma mentalidade positiva. Além disso, superar pensamentos negativos por meio da atenção plena, técnicas cognitivo-comportamentais e práticas de relaxamento pode aumentar sua resiliência e felicidade geral.

Capítulo 27

Segredo 27: Estabelecendo Novas Metas e Desafios

Definir novas metas e abraçar desafios são essenciais para uma aposentadoria plena e dinâmica. As metas fornecem direção e propósito, enquanto os desafios estimulam o crescimento pessoal e mantêm a vida emocionante. Esta seção investiga a importância do estabelecimento de metas e oferece estratégias para enfrentar novos desafios durante a aposentadoria.

Importância do estabelecimento de metas

1. **Objetivo e direção**:

   - **Sentido de Propósito**: As metas dão propósito e significado à sua vida, ajudando você a se manter motivado e focado. Eles fornecem um motivo para acordar todas as manhãs e perseguir suas paixões.
   - **Clareza e Foco**: Definir metas claras ajuda você a priorizar suas atividades e concentrar seus esforços no que realmente

importa. Previne a falta de objetivo e aumenta a produtividade.

2.   **Crescimento pessoal**:

- ○ **Aprendizado contínuo**: As metas incentivam você a aprender novas habilidades e adquirir conhecimento. Este processo de aprendizagem contínua mantém sua mente afiada e engajada.
- ○ **Auto-aperfeiçoamento**: Alcançar metas promove um sentimento de realização e aumenta a autoestima. Ele o incentiva a buscar a excelência e o crescimento pessoal.

3.   **Bem-estar aprimorado**:

- ○ **Saúde Mental e Emocional**: Trabalhar em direção a objetivos significativos promove o bem-estar mental e emocional. Reduz o risco de depressão e ansiedade, proporcionando um senso de propósito e realização.
- ○ **Saúde física**: metas relacionadas à saúde física, como metas de condicionamento físico ou bem-estar, motivam você a manter um estilo de vida saudável.

4.   **Conexões Sociais**:

   ○ **Construindo relacionamentos**: Metas que envolvem atividades sociais, como ingressar em clubes ou fazer voluntariado, ajudam você a construir e manter relacionamentos. Essas conexões contribuem para um sentimento de pertencimento e comunidade.

Assumindo Novos Desafios

1.   **Benefícios de abraçar desafios**:

   ○ **Mente estimulada**: Os desafios mantêm sua mente ativa e engajada, promovendo a saúde cognitiva. Eles incentivam a resolução de problemas, a criatividade e o pensamento crítico.

   ○ **Adaptabilidade e Resiliência**: Enfrentar desafios aumenta sua adaptabilidade e resiliência. Ele prepara você para lidar com mudanças e contratempos inesperados com confiança.

   ○ **Sentido de realização**: Superar desafios traz um profundo sentimento de realização e orgulho. Aumenta sua autoconfiança e reforça sua capacidade de enfrentar obstáculos futuros.

2.   **Como abraçar novos desafios**:

- **Identifique áreas de interesse**: Explore áreas que lhe interessam e onde deseja crescer. Isso pode estar relacionado a hobbies, habilidades, viagens ou envolvimento comunitário.
- **Defina metas específicas**: divida seus desafios em metas específicas e gerenciáveis. Metas claras e alcançáveis tornam o processo menos assustador e mais alcançável.
- **Dê pequenos passos**: Comece com pequenos passos para criar confiança e impulso. Aumente gradualmente a dificuldade de seus desafios à medida que você ganha experiência e capacidade.
- **Procure suporte**: Não hesite em buscar o apoio de amigos, familiares ou mentores. Seu incentivo e orientação podem ajudá-lo a enfrentar os desafios e a permanecer motivado.
- **Se mantenha positivo**: Mantenha uma atitude positiva e veja os desafios como oportunidades de crescimento. Abrace o processo de aprendizagem e comemore seu progresso, não importa quão pequeno seja.

3.   **Exemplos de novos desafios**:

○ **Aprenda uma nova habilidade**: Comece um novo hobby ou aprenda um novo idioma. Inscreva-se em cursos on-line ou aulas locais para expandir seus conhecimentos e capacidades.

○ **Desafios Físicos**: defina metas de condicionamento físico, como correr uma maratona, percorrer uma trilha desafiadora ou participar de um novo esporte. Os desafios físicos melhoram a saúde e aumentam a resiliência.

○ **Aventuras de viagem**: Planeje viagens para novos destinos, sejam locais ou internacionais. Viajar expõe você a novas culturas, experiências e perspectivas.

○ **Trabalho voluntário**: Assuma funções voluntárias que o desafiem a usar suas habilidades e conhecimentos de novas maneiras. O voluntariado proporciona um senso de propósito e envolvimento comunitário.

○ **Projetos Criativos**: Envolva-se em projetos criativos, como escrever um livro, pintar ou iniciar um blog. Esses projetos permitem que você se expresse e compartilhe suas paixões com outras pessoas.

Definir novas metas e abraçar desafios são vitais para uma aposentadoria gratificante e vibrante. As metas fornecem propósito, clareza e direção, enquanto os desafios estimulam o crescimento pessoal e a resiliência. Ao identificar áreas de interesse, definir metas específicas e assumir novos desafios, você pode melhorar seu bem-estar mental, emocional e físico. Abrace esta fase emocionante da vida com entusiasmo e uma atitude positiva, e desfrute da sensação de realização e realização que advém da busca de novos objetivos e da superação de desafios.

Capítulo 28

Segredo 28: Comemorando Marcos e Conquistas

Comemorar marcos e conquistas é uma prática essencial para manter uma perspectiva positiva e aumentar a felicidade geral durante a aposentadoria. Reconhecer e celebrar seus sucessos e refletir sobre suas realizações pode proporcionar motivação, aumentar a autoestima e promover um sentimento de realização. Esta seção explora a importância de comemorar marcos e oferece estratégias para reconhecer e refletir de forma eficaz sobre suas conquistas.

Reconhecendo e comemorando sucessos

1. **Benefícios da celebração**:

   ○ **Motivação aprimorada**: Comemorar conquistas reforça seus esforços e motiva você a buscar novos objetivos. Reconhecer o progresso e o sucesso incentiva o crescimento contínuo e a perseverança.

   ○ **Maior felicidade**: As celebrações criam experiências alegres e memoráveis que contribuem para a sua felicidade geral. Eles permitem que você saboreie momentos positivos e aprecie sua jornada.

- ○ **Aumento da autoestima**: Reconhecer suas realizações reforça sua autoestima e confiança. Ajuda você a reconhecer suas capacidades e pontos fortes.
- ○ **Relacionamentos   Fortalecidos**: Compartilhar seus sucessos com amigos e familiares fortalece seus relacionamentos e cria um ambiente de apoio e incentivo.

2. **Maneiras de comemorar sucessos**:

- ○ **Recompensas Pessoais**: Mime-se com algo especial como recompensa pelo seu trabalho árduo. Pode ser uma refeição favorita, um dia relaxante no spa ou um novo item que você está desejando.
- ○ **Compartilhando com entes queridos**: Comemore suas conquistas com seus entes queridos. Organize uma pequena reunião, compartilhe suas novidades durante uma refeição ou simplesmente ligue para um amigo para compartilhar seu entusiasmo.
- ○ **Criando Tradições**: Estabeleça tradições pessoais ou familiares para comemorar marcos. Quer se trate de uma celebração

anual de conquistas ou de um ritual especial para cada sucesso, as tradições acrescentam significado às suas celebrações.

- ○ **Documentando sucessos**: Mantenha um registro de suas conquistas em um diário ou álbum de recortes. Documentar seus sucessos permite visitá-los e refletir sobre eles, fornecendo inspiração contínua.
- ○ **Reconhecimento público**: Compartilhe suas realizações publicamente, se apropriado. Isso pode ser feito por meio de mídias sociais, boletins informativos comunitários ou outras plataformas onde você possa inspirar e encorajar outras pessoas.

Refletindo sobre realizações

1. **Importância da Reflexão**:

- ○ **Crescimento pessoal**: Refletir sobre suas realizações permite avaliar seu crescimento e progresso. Ajuda você a entender o que aprendeu e como se desenvolveu ao longo do tempo.
- ○ **Compreendendo o sucesso**: A reflexão ajuda você a analisar os fatores que

contribuíram para o seu sucesso. Compreender o que funcionou bem pode orientar seus esforços e tomadas de decisões futuras.

- ○ **Construindo Gratidão**: Refletir sobre suas conquistas promove um sentimento de gratidão pelas oportunidades, apoio e experiências que levaram ao seu sucesso. A gratidão aumenta o bem-estar e a felicidade geral.

2. **Como refletir sobre as realizações**:

- ○ **Registro no diário**: Mantenha um diário dedicado às suas conquistas. Escreva sobre cada marco, a jornada para alcançá-lo e as emoções que você experimentou. Reflita sobre os desafios que você superou e as lições que aprendeu.
- ○ **Meditação Consciente**: Pratique meditação consciente para refletir sobre suas realizações. Sente-se em um espaço tranquilo, concentre-se na respiração e lembre-se suavemente de suas conquistas. Reflita sobre os sentimentos de orgulho, gratidão e realização que eles trazem.
- ○ **Discussão com Mentores**: Discuta suas realizações com mentores ou amigos de

confiança. Suas perspectivas e feedback podem fornecer informações valiosas e ajudá-lo a ver suas conquistas sob uma nova luz.

- ○ **Criando um quadro de visão**: visualize suas conquistas criando um quadro de visão. Inclua imagens, citações e lembranças que representem seus marcos. Exiba-o onde você possa vê-lo regularmente como um lembrete de seu sucesso.
- ○ **Revisão anual**: Faça uma revisão anual de suas realizações. Reserve um tempo no final de cada ano para revisar e refletir sobre as metas que você alcançou, o progresso que você fez e as experiências que teve.

Capítulo 29

Segredo 29: Criando um Legado

Criar um legado é uma maneira poderosa de causar um impacto duradouro em sua família, comunidade e nas gerações futuras. Ao compartilhar suas experiências, valores e conquistas, você pode deixar um legado significativo e inspirador. Esta seção explora a importância de causar um impacto duradouro e oferece estratégias para documentar a história de sua vida.

Causando um impacto duradouro

1. **Significado do legado**:

   ○ **Perpetuando Valores**: Um legado permite que você transmita seus valores, crenças e lições de vida às gerações futuras. Garante que seus princípios e sabedoria continuem a influenciar e guiar outras pessoas.

   ○ **Fornecendo inspiração**: Sua história e conquistas podem inspirar outras pessoas a perseguir seus sonhos, superar desafios e levar uma vida plena. Um legado serve como fonte de motivação e encorajamento.

- ○ **Criando uma influência positiva**: Ao contribuir para a sua comunidade, apoiar causas importantes para você e ser um modelo, você cria um impacto positivo que se estende além da sua vida.
- ○ **Conectando Gerações**: Compartilhar seu legado ajuda a preencher lacunas geracionais, promovendo um senso de continuidade e conexão dentro de sua família e comunidade.

2. **Maneiras de causar um impacto duradouro**:

- ○ **Filantropia e doações de caridade**: Apoie causas e organizações que se alinhem com seus valores. Considere fazer doações, estabelecer bolsas de estudo ou criar fundações de caridade para fazer uma diferença duradoura.
- ○ **Mentoria e Ensino**: Compartilhe seu conhecimento e experiência orientando jovens ou ensinando. Sua orientação e apoio podem ter um impacto profundo em seu desenvolvimento pessoal e profissional.

- Envolvimento da comunidade: Participar ativamente em projetos e iniciativas comunitárias. Suas contribuições podem melhorar a vida de outras pessoas e fortalecer o tecido social da sua comunidade.
- Advocacia e Ativismo: Defenda causas sociais, ambientais ou políticas que sejam importantes para você. Seus esforços podem levar a mudanças positivas e inspirar outras pessoas a agirem.

Documentando sua história de vida

1. Importância da história de vida:

- Preservando Memórias: Documentar a história de sua vida preserva suas memórias, experiências e conquistas para as gerações futuras. Isso garante que seu legado seja lembrado e valorizado.
- Compartilhando Sabedoria: Sua história de vida é um tesouro de sabedoria e insights. Ao compartilhar suas experiências, você fornece lições e orientações valiosas a outras pessoas.
- Comemorando conquistas: documentar a história de sua vida permite que você

comemore suas conquistas e reflita sobre os marcos que moldaram sua jornada.

2. **Como documentar sua história de vida**:

- **Escrevendo um livro de memórias**: Escreva um livro de memórias que narre suas experiências de vida, eventos significativos e reflexões pessoais. Inclua anedotas, lições aprendidas e os valores que orientaram suas decisões.
- **Gravando histórias orais**: Grave histórias orais compartilhando suas histórias em formato de áudio ou vídeo. Este método captura as nuances da sua voz, expressões e emoções, tornando o seu legado mais pessoal e envolvente.
- **Criando uma árvore genealógica**: Compile uma árvore genealógica detalhada que inclua histórias, fotografias e documentos históricos. Esta representação visual conecta o passado, o presente e o futuro da sua família.
- **Fazendo um álbum de recortes**: Crie um álbum de recortes que combine fotografias, cartas, lembranças e narrativas escritas. Essa abordagem

criativa e visual torna a história de sua vida tangível e acessível.

- ○ **Iniciando um blog ou site**: Compartilhe sua história de vida online através de um blog ou site pessoal. Esta plataforma permite que você alcance um público mais amplo e atualize continuamente sua história à medida que cria novas memórias.

3. **Envolvendo Família e Amigos**:

- ○ **Contação de histórias colaborativa**: Envolva sua família e amigos na documentação de sua história de vida. Incentive-os a compartilhar suas perspectivas, memórias e experiências que destacam seu impacto em suas vidas.
- ○ **Projetos Intergeracionais**: Envolver-se em projetos intergeracionais onde os membros mais velhos e mais jovens da família colaboram para documentar e preservar a história da família. Isso promove uma compreensão mais profunda e uma conexão entre gerações.

Criar um legado é uma forma significativa de causar um impacto duradouro e garantir que seus valores, conquistas e sabedoria sejam lembrados e valorizados. Ao se envolver em filantropia, orientação, envolvimento comunitário e defesa de direitos, você pode criar uma influência positiva que se estende além de sua vida. Documentar a história de sua vida por meio de memórias, histórias orais, álbuns de recortes e plataformas digitais preserva seu legado para as gerações futuras. Aproveite a oportunidade de criar um legado que inspire, oriente e conecte outras pessoas, deixando uma marca duradoura no mundo.

Capítulo 30

Segredo 30: Aproveitando a Viagem

Abraçar a alegria da aposentadoria e viver o momento são componentes essenciais para uma vida plena e feliz nos seus anos dourados. A aposentadoria é um momento para saborear os frutos do seu trabalho, explorar novas oportunidades e encontrar contentamento nas experiências cotidianas. Esta seção enfoca a importância de aproveitar a viagem e oferece estratégias para viver o momento.

Abraçando a alegria da aposentadoria

1. **Apreciando suas conquistas**:

    o   **Reflita sobre suas realizações**: Reserve um tempo para refletir sobre o trabalho de sua vida e os objetivos que você alcançou. Comemore seus sucessos e aprecie os esforços que o trouxeram até este ponto.
    o   **Expressar gratidão**: Cultive um sentimento de gratidão pelas oportunidades e experiências que moldaram sua vida. Reconheça as pessoas

e eventos que contribuíram para sua jornada.

2. **Explorando novas oportunidades**:

- ○ **Busque paixões e hobbies**: A aposentadoria oferece a liberdade de explorar interesses e hobbies que você pode ter deixado de lado durante seus anos de trabalho. Seja pintando, fazendo jardinagem ou aprendendo um novo instrumento, mergulhe em atividades que lhe trazem alegria.
- ○ **Viagens e Aventura**: Aproveite a flexibilidade que a aposentadoria oferece para viajar e explorar novos lugares. Descobrir novas culturas e ambientes pode ser incrivelmente enriquecedor e gratificante.

3. **Priorizando a saúde e o bem-estar**:

- ○ **Mantenha-se fisicamente ativo**: Pratique atividades físicas regulares que você goste. O exercício não apenas mantém você saudável, mas também aumenta seu humor e níveis de energia.
- ○ **Cultive a saúde mental**: Pratique o autocuidado e participe de atividades que

promovam o bem-estar mental. Técnicas de meditação, atenção plena e relaxamento podem ajudá-lo a manter uma perspectiva positiva.

4. **Construindo relacionamentos significativos**:

- ○ **Fortalecer vínculos**: Passe bons momentos com a família e amigos. Fortalecer esses relacionamentos pode trazer imensa alegria e um sentimento de pertencimento.
- ○ **Faça novas conexões**: Junte-se a clubes, grupos ou organizações voluntárias para conhecer novas pessoas e expandir seu círculo social. Construir novos relacionamentos pode levar a experiências e amizades gratificantes.

Vivendo no momento

1. **Atenção plena e presença**:

- ○ **Pratique a atenção plena**: Mindfulness envolve focar no momento presente sem julgamento. Envolva-se em práticas de atenção plena, como meditação, respiração profunda ou simplesmente

222

prestando atenção ao que está ao seu redor.

○ **Saboreie os momentos do dia a dia**: Reserve um tempo para apreciar os prazeres simples da vida, como um lindo pôr do sol, uma refeição deliciosa ou um passeio tranquilo na natureza. Esses momentos contribuem para uma sensação de contentamento e bem-estar.

2. **Abandonando as preocupações**:

○ **Liberar arrependimentos**: Deixe de lado os arrependimentos do passado e concentre-se no presente. Aceite que você não pode mudar o passado, mas pode moldar o seu presente e o seu futuro.

○ **Gerenciar a ansiedade**: Aborde as preocupações sobre o futuro mantendo-se fundamentado no presente. Planeje e prepare-se para o futuro, mas evite preocupações excessivas que prejudiquem seu prazer atual.

3. **Envolvendo-se totalmente nas atividades**:

○ **Estar presente**: Esteja você passando tempo com seus entes queridos, praticando um hobby ou simplesmente relaxando, esforce-se para estar totalmente presente na atividade. Isso aumenta sua diversão e aprofunda suas experiências.

○ **Evite multitarefa**: Concentre-se em uma atividade de cada vez para mergulhar totalmente na experiência. A multitarefa pode diluir sua atenção e reduzir o prazer derivado de cada atividade.

4. **Cultivando uma mentalidade positiva**:

○ **Concentre-se nos aspectos positivos**: Mude seu foco do que falta para o que você tem. Enfatize os aspectos positivos da sua vida e pratique a gratidão regularmente.

○ **Abrace a flexibilidade**: Esteja aberto a novas experiências e adaptável a mudanças. A flexibilidade permite que você aproveite oportunidades e enfrente desafios com uma atitude positiva.

Conclusão

Ao se aproximar de um novo capítulo em sua vida, é essencial olhar para frente com otimismo e senso de aventura. A reforma não é apenas um fim, mas um começo – um momento para explorar novos horizontes, abraçar novas oportunidades e cultivar uma vida de alegria, saúde e realização.

Olhando para o futuro

1.   **Abraçando o Futuro**:

    ○ **Otimismo e entusiasmo**: Aborde sua aposentadoria com entusiasmo e uma perspectiva positiva. O futuro está repleto de possibilidades e sua atitude pode influenciar significativamente sua experiência.
    ○ **Formação contínua**: Continuar buscando conhecimento e crescimento. Seja através de hobbies, viagens ou educação formal, a aprendizagem ao longo da vida mantém a sua mente afiada e a sua vida enriquecida.
    ○ **Adaptando-se à mudança**: Abrace as mudanças que acompanham a aposentadoria. Flexibilidade e adaptabilidade ajudarão você a enfrentar

novos desafios e aproveitar novas oportunidades com confiança.

2. **Nutrindo relacionamentos**:

- **Fortalecendo vínculos**: Manter e aprofundar conexões com familiares e amigos. Esses relacionamentos fornecem apoio emocional e aumentam seu senso de pertencimento e comunidade.
- **Construindo Novas Conexões**: Não hesite em conhecer novas pessoas e fazer novas amizades. As interações sociais são vitais para uma aposentadoria gratificante e feliz.

3. **Priorizando o bem-estar**:

- **Saúde física**: Mantenha-se ativo e priorize sua saúde física. O exercício regular, uma dieta equilibrada e um sono adequado são fundamentais para uma reforma vibrante e energética.
- **Saúde Mental e Emocional**: Participe de atividades que promovam o bem-estar mental, como meditação, atenção plena e atividades criativas. O bem-estar emocional é crucial para a felicidade geral.

Recapitulação dos pontos principais

Ao refletir sobre os segredos compartilhados neste livro, lembre-se destas dicas essenciais para uma aposentadoria feliz, saudável e rica:

1. **Planejando sua aposentadoria**:

   - Comece a planejar com antecedência e estabeleça metas realistas.
   - Concentre-se no planejamento financeiro, orçamento e gerenciamento de dívidas.
   - Maximize os benefícios da Previdência Social e invista seus recursos de maneira inteligente.
   - Crie um plano de retirada sustentável e entenda os impostos sobre aposentadoria.
   - Envolva-se em um planejamento imobiliário completo.

2. **Manter a saúde física**:

   - Mantenha-se fisicamente ativo e desenvolva uma rotina de exercícios.

- Adote hábitos alimentares saudáveis e atenda às suas necessidades nutricionais.
- Concentre-se na saúde mental, pratique a atenção plena e garanta uma rotina de sono saudável.

3. **Permanecendo engajado e feliz**:

- Encontre um propósito e envolva-se no voluntariado e no serviço comunitário.
- Construa e mantenha relacionamentos, viaje e explore novos lugares.
- Abrace a aprendizagem ao longo da vida, novos hobbies e retribua à comunidade.

4. **Crescimento e realização pessoal**:

- Pratique a gratidão e mantenha um diário de gratidão.
- Abrace a mudança e a adaptabilidade, simplifique sua vida e busque saídas criativas.
- Fortaleça sua espiritualidade e mantenha uma atitude positiva.

5. **Garantindo felicidade a longo prazo**:

- ○ Estabeleça novas metas e desafios, comemore marcos e crie um legado duradouro.
- ○ Aproveite a jornada vivendo o momento e abraçando a alegria da aposentadoria.

Incentivo e considerações finais

Ao embarcar nesta nova fase da sua vida, lembre-se de que a aposentadoria é uma oportunidade de se redescobrir, perseguir suas paixões e viver com propósito e alegria. É um momento para valorizar suas conquistas, construir novas memórias e causar um impacto duradouro. Cada dia é uma dádiva e, ao aplicar os segredos compartilhados neste livro, você poderá criar uma aposentadoria que não seja apenas gratificante, mas também profundamente gratificante.

Assuma o controle da sua felicidade, priorize sua saúde e mantenha-se envolvido com o mundo ao seu redor. Abrace a jornada que tem pela frente com o coração aberto e espírito aventureiro. Sua aposentadoria pode ser o melhor ano da sua vida – cheio de alegria, significado e possibilidades infinitas.

Aqui está uma aposentadoria feliz, saudável e rica!